本書の楽しみ方

原著は、ドナルド・トランプの最近30年の講演、インタビュー、発言、ツイートの山のなかから選び抜かれた「言葉のつぶて」集である。選者は、ニューヨーカー誌などで健筆をふるう風刺作家のハート・シーリー。現代における最大のミステリー――今やアメリカのみならず世界中を恐慌と狂乱におとしいれている〝トランプ現象〟を解き明かすヒントが、いくつも隠されていて実に興味深い。しかし、そのまま翻訳をしただけでは、日本人読者には伝わりにくいところが、少なからずある。

原著は、〝BARD OF THE DEAL〟のタイトルが示すように、勝負（DEAL）を決する の、ここ一番の決め台詞集（BARD）である。それは、トランプ現象をとらえるのには の材料ではあるが、「言葉のつぶて」ゆえに背景や説明はそぎ落とされている。

さらにトランプは不動産王であると同時に、長きにわたって超人気テレビ番組のホス を務めたエンタテイナーとして、全米で知らぬものはいない。それゆえトランプをめぐ さまざまなエピソードは暗黙の前提となっており、日本人読者には通じにくいところが るかもしれない。

そこで、トランプの「言葉のつぶて」を翻訳したうえで、背景を補足し、コメントをつけ、時には関連する発言やエピソードを紹介しながら、再構成を行った。

日本では、もっぱらその暴言・妄言ぶりばかりが紹介されるので、トランプ現象が歪められて伝えられているきらいがある。本書を読んでいただければ得心されるだろうが、トランプは寸鉄人を刺す名言・箴言《しんげん》の人でもある。暴言・妄言もその深奥には深謀と遠慮を潜ませている。そして、それに共感する多くのアメリカ国民がおり、その先には崩壊と漂流を始めた世界最強国の現在進行形の真実がある。

巷間に流布される偏ったトランプ現象に身を委ね、過剰に恐れたり、過剰に嘲笑の対象にしていると、アメリカと日本の行方を見誤ることになる。ぜひ本書を手がかりにトランプ現象の本質を見つめていただきたい。

なお、同じビジネス社より緊急出版された横江公美氏の『崩壊するアメリカ〜トランプ大統領で世界は発狂する⁉』を参考にさせていただいた。視野がいっそう開けるので、読者にはぜひ併読されることをおすすめする。

２０１６年４月

訳・解説　前田和男

第1章★私はアメリカの何を変えたいのか？

世界最強の権力者を決める
２０１６年のアメリカ大統領選挙レース。
当初は「泡沫」だったドナルド・トランプが、
今や「本命」に躍りでて、
アメリカのみならず、
世界中を恐慌と狂乱におとしいれている。
一体この男の暴言・妄言は何なんだ!?
一体この男はアメリカを、日本を、
そして世界を、
どう変えようとしているのか？
稀代の暴言・妄言王の野望とは何なのか？

大バカ野郎が統治する最低な国に誰がした!?

世界中から、アメリカはバカが国を治めていると思われている。とんでもない！　この国を治めているのはバカではなく、大バカ野郎どもだ。

2015年8月25日　遊説演説（アイオワ州デュビュク）

解説

★暴言旅行スタート!

当初は「泡沫」だったトランプが「本命」に躍りでた理由は、その多様で傑出した暴言・妄言にあった。トランプはそうした暴言・妄言を吐きながら、ますます大衆の人気を集めている。しかし、自画自賛の暴言・妄言だけでは選挙には勝てない。そこには、上から目線ではない、巧みな自己演出があるのだ。

まず、その矛先がむけられたのは、現民主党政権の最高権力者であるバラク・オバマとその御一統。

「大バカ野郎どもめ!」

とトランプが切って捨てるのは、もちろんオバマ大統領とホワイトハウスの面々。

いざ、いざ、暴言・妄言の帝王の口撃行脚のはじまり、はじまり!

俳優で元カリフォルニア州知事のアーノルド・シュワルツェネッガーと。「シュワちゃん」は、トランプ司会の人気番組「アプレンティス」の後任司会者となった。ただし、大統領選ではトランプではなく、同じ共和党のケーシック・オハイオ州知事の支持を表明している。

もっとマシな「チェンジ」をしろ！

やつは「チェンジ」という言葉を使ったが、そいつはイマイチだった。みんな、まともなチェンジを見たがっている。もっと立派なチェンジを。

2015年8月23日　ABC「ディス・ウィーク」

解説

二大政党制を大前提とする大統領選のシステムからいって、まずは「身内叩き」が定石。しかし、いずれ本選で相まみえる民主党にもジャブを入れておく——これがトランプの戦略だ。ジャブのお相手は、バックにいるオバマ大統領から、やがてヒラリーへ——

実に残念なことだが、この先、数代は黒人の大統領には、お目にかかれないだろう。

なにせ、あのオバマときたら、大統領としてなんともオバカなことばかりやらかしてきたからだ。

解説

ストレートを打ち込んでからは、オバマ政権の失政を、一般大衆にわかりやすく、チクチクとジャブを繰り出すのがトランプ流。その上で、トランプは総責任者に対してとどめの一発をぶちこむ。

今年3月、現職大統領として88年ぶりにキューバを訪問したオバマ。これに対しトランプ先生は、カストロ議長が空港で出迎えなかったことから、「間抜けに見えた」「そのまま帰るべき」「外交の素人」と批判した。

橋はぼろぼろ。道路もぼろぼろ。中央分離帯も……。空港はさながら地獄だ。ドバイで二つほどデカイ仕事をしているが、あそこの空港はどこも信じられないほどすばらしい。そこからわがラガーディア空港（ニューヨーク）に着くと、さながら第三世界の国だ。ケネディ空港も穴ぼこだらけだ。

2015年5月21日　FOXニュースチャンネル「ザ・ケリー・ファイル」

ヒラリー・クリントンは、オバマの出生記録を死にもの狂いで探し求めた。それを世間は忘れている。ジョン・マケインも同じだった。だが記録は手に入らなかった。ヒラリーは失敗した！ジョン・マケインも！しかし、このトランプは手に入れた！

2015年6月30日 CNN「アンダーソン・クーパーの360度」

解説

トランプにとってはいよいよ敵の本命の「ヒラリー叩き」である。真正面からではなく、オバマとヒラリーの間にくさびを打ち込むところが曲者のトランプ流。

前回、2012年の大統領選挙では、民主党内ではヒラリーとオバマが熾烈な候補者争いを展開した。そんななか、トランプは出馬をほのめかしながら、オバマがアメリカ生まれではなくケニア生まれだから大統領になる資格はないとのキャンペーンを張った。これに共和党の重鎮のマケインが乗ったのは当然としても、ヒラリーも乗ったことを、トランプは4年後に再び持ち出したのである。

ヒラリーを射んと欲せばビルを射よ！

やつの一件の処理の仕方は、そもそも美しくない。あのスキャンダルがなければ、偉大な大統領として名を留められたのに、お気の毒なこった。もっと美人とヤッていたら、国民も許してくれたかも。ケネディとマリリン・モンローとの一件とは、レベルが違う。

1999年9月19日「ニューヨークタイムズ」

解説

「やつ」とはヒラリーの夫、ビル・クリントン第42代大統領。「一件」とはホワイトハウスの研修生のモニカ・ルインスキーとの不倫。

この妄言は今回の大統領選の17年も前の不倫事件発覚当時のものだが、トランプはこれをネタ元に、2015年4月、ツイッターでつぶやいたのが次ページ右の暴言。

大統領予備選で「下ネタ」が使われることは前代未聞のことだ。後に抗議をうけて削除されたが、ふつうなら、これで政治家としては不適格とされて「即刻退場！」となるところだ。しかし、きれいごとばかりが飛び交う政治の世界にうんざりしている庶民には大ウケで、トランプはむしろ株を上げた。

さらに、トランプ流追及はここで終わらない。トランプが繰り出したストレートパンチが次ページ左の妄言だ。こちらはまともな政策批判で、これで下ネタと相殺するところはなかなかのテクニシャンだ。

夫も満足させられないあの女

あの女は、夫をろくに満足させられないのに、なぜアメリカを満足させられると思っているのか？

2015年4月　本人のツイッター（後に削除）

夫のダメ政策はゴミ箱へ

私は、ビル・クリントン大統領がやった北米自由貿易協定を廃止し、いま提案されているTPPもゴミ箱に放り込むことを、皆さんに誓約する。

2016年2月19日　「朝日新聞」朝刊

中国人の接待はマックで十分

この国は一体どうなっているんだ。中国の幹部どもにディナーをふるまうなんて。私に言わせれば、こうだ。「連中をマクドナルドに連れていって、さっさと交渉のテーブルにつかせるんだ」これ、本気だからな。

2015年7月21日　遊説演説（サウスカロライナ州サンシティ）

解説

〝親中〟のオバマ民主党政権を射んとするトランプ先生得意の口撃。しかし、お気持ちはわかりますが、習近平王朝の官僚たちは、毎日高級中華をたらふく食っていますから、かえってマックで接待のほうが喜んじゃいますよ。

昔は中国に優しすぎた……

聞け！ このクソったれ！ お前らに高い課税をかけてやる、25％ものな。

2011年4月28日　クラーク郡共和党レセプション（ネヴァダ州ラスベガス）

解説

今から振り返ると5年前は控えめだった。今回の大統領予備選では、こう言っている。

「メキシコや日本や中国（など対米輸出国）には貿易で制裁を科す。メキシコからの自動車輸入には35％の関税をかける。中国からの輸入はすべて45％の関税だ！」（2016年2月19日「朝日新聞」朝刊）

この5年間の中国のプレゼンスの増大で、トランプの妄言度も倍増したということか。

アメリカ・メキシコ国境を視察に向かうトランプ。その後、さらなる暴言の連発を生むことになる。

日米同盟新時代到来か!?

まさにマジックだ。連中は車を送りつける。われわれの仕事を奪う。なりふりなどかまわない。そして、われわれは連中に借金するはめになる。

2015年9月3日　記者会見(ニューヨーク・シティ)

解説

★日本よ、覚悟しとけ！

「連中」とはわが日本。「車」は世界一の性能をほこるトヨタをはじめとする日本車だ。今やその後ろから韓国と現代自動車が、やがて中国が日本の真似をすると、トランプ先生は恐れているのであろう。だが、日本の自動車会社がアメリカで雇用に貢献していることはあえて無視する。それがまたトランプ流だ。

トランプの日本観はメキシコ、中国について敵対的だ。最近も日米安保について「再交渉する考え」があるとして、次ページ右のような妄言を吐き、日本人を驚かせた。

さらにトランプの対日妄言に衝撃的バージョンが加わった。「日本核武装容認」である。

トランプ大統領が誕生したら、世界中のどの国よりも、わが日本が狂乱に陥ることはまちがいない。

とある一軒家の庭先に建つスローガン。「Make America Great Again（強いアメリカよ、もう一度）」が、トランプの選挙スローガンだ。没落する大国に危機感を抱く庶民の共感を呼んでいる。

日米安保はアンバランス!

米国が攻撃されても日本は何もしない。日本が攻撃されれば米国は全力で駆けつけねばならず、片務的だ。

2016年3月22日「毎日新聞」

日韓は核武装せよ

米国は世界の警察官役はできない。米国が国力衰退の道を進めば、日韓の核兵器の保有はあり得る。

2016年3月26日「ニューヨークタイムズ」のインタビューに答えて

やつらはベストを尽くさない。やつらは礼を失している。やつらは人を送り込む。そして、やつらは持ち込む。われわれにとって厄介な問題を。ドラッグを、犯罪を、レイプを。

2015年6月16日　大統領予備選挙出馬表明（ニューヨーク・シティ）

★意外なヒスパニック人気

トランプがこの暴言を吐いたとき、ヒスパニック系から猛反発を食らって支持率を下げると誰もしもが思った。ところがそうはならなかった。

産経新聞の報道によると、人口の約４割をヒスパニックが占めるテキサス州の予備選では、ヒスパニックの26％がトランプに投票、地元選出のテッド・クルーズ上院議員の32％に迫った。

これをどう見るか？

ヒスパニックのなかには正規の手続きでアメリカへ出稼ぎに来た人々も多い。彼らにとって雇用を奪う不法移民は、たとえ同胞ではあっても「敵対者」である。

トランプの妄言はそんな彼らの支持を得たとも考えられる。

出馬を表明した時の様子。出馬宣言で人種差別発言をするのは前代未聞だ。

トランプ・ウォール。すばらしい壁になるぞ。すばらしいものにしなくちゃならない。なぜって、いつか私が死んだら、その壁に私の名前がつけられるからだ。

2015年9月14日 遊説演説（テキサス州ダラス）

解説

ご存じ、トランプの名を世界的に有名にさせた歴史的妄言だが、古くは「万里の長城」から新しくは「ベルリンの壁」まで、壁をつくった王朝と権力は崩壊し、後に「観光資源」になった。トランプの壁も大国アメリカの崩壊の象徴となるか？ それとも、そうなっても「観光資源」になることを見越してのたくましき商魂によるものか？

見栄えもよくするぞ

高くて力強い壁になるってことだ。見栄えのいい壁にしてやる。壁本来の機能をしっかり備えた壁になる。だから、誰もその壁を乗り越えようとしないんだ。これは本気だぞ。

2015年9月3日　ヒュー・ヒューイットのラジオショー

この2国とは向き合うな！

中国とは仲良くやっていけない。メキシコの幹部連中とも仲良くやっていけない。どちらとも仲良くはやっていけない。同時になんてますます無理だ。

2015年9月16日　CNN「共和党大統領候補者テレビ討論」(カリフォルニア州シミバレー)

解説

どちらもアメリカの労働者から仕事を奪ったヒドイ国ということなのだろう。

それにしても、「万里の長城」をメキシコにもつくることで、メキシコと中国は似たような国なのだとして、一括りにしようというイメージ戦略なのだろうか？　いやはや……。

汚れた靴はきやがって！

おい、信じられるか。今日、運転手が汚れた靴をはいてきやがった。おい、あのおたんこなす《マザーファッカー》めが、汚れた靴をはいてきたんだ。顔を見たところ、プフェルトリコのくそ野郎だ。さしずめ、スペイン系ハーレム育ちってとこか。

1991年　ジョン・R・オドネル／ジェイムズ・ルーサーフォード
『ドナルド・トランプの真実―狡猾なる栄光と劇的なる没落』

解説

トランプは潔癖症で知られ、人と握手するのをいやがり、他人が座った便器が気持ち悪いといって外ではめったにトイレに入らない。そんなトランプのキレイ好きと差別意識が合体して生み出された妄言といえるだろう。このトランプの過度の潔癖症をネタにして、外でトイレに入れないとなると、そもそも外遊が多い大統領が務まるかという悪口も聞かれる。もっとも、彼のことだから特注のオマルをつくって、「ホワイトハウス御用達」とか銘打ってビジネスにするかもしれないが……。

お座りしろ、ホルヘ

お座りしろ。お前は呼ばれていない。お前はそのままでいろ。ユニビジョン、そこがお前の場所だ。そこで好きにしたらいい。好きにしたらいい。いいから、お座りしろ。お前は呼ばれていないんだ。

2015年8月25日　遊説演説（アイオワ州デュビュク）

解説

テレビ局がトランプに取材を申し込んで、拒否されたときのやりとりである。ユニビジョンは、全米60以上の都市をカバーするヒスパニック系に向けたスペイン語のテレビネットワーク。そこで人気ニュースキャスターをつとめるのがメキシコ出身のホルヘ・ラモスだ。

なお、トランプとユニビジョンとはトランプが共同主宰者であったミス・ユニバース世界大会コンテストの放映拒否などをめぐって法廷で争っていた。それにしても、キャスターを「犬扱い」するとは……。ひとたび、ケンカ状態になると、人種も人権もおかまいなしなのがトランプの流儀だ。

お前たちは、どいつもこいつもオナニー野郎だ。あぶくのようなクズ野郎を率先して雇用したのは、私ではない。お前たちだ。責任はあのウォルト(ディズニー)にある。あいつがあぶくのようなクズ野郎を雇ったのだ。

1991年　ジョン・R・オドネル/ジェイムズ・ルーサーフォード『ドナルド・トランプの真実―狡猾なる栄光と劇的なる没落』

★諸悪の根源はディズニーにあり！

これもひどい人種差別発言である。

「あぶくのようなクズ野郎」とは、ヒスパニック系を含む移民労働者を指している。

「お前たち」は、トランプ以外のアメリカの企業家たちで、「純正アメリカ人」から仕事を奪うことに手を染めた筆頭として、かのウォルト・ディズニーを指弾しているのだ。

ちなみに、トランプは今回の大統領予備選の遊説のなかで、こうぶち上げている。

「ディズニーは、雇用している移民系労働者をアメリカ人に入れ替えろ。私が大統領になったら、アメリカ人を雇わない企業には制裁を加える」

それにしても、「オナニー野郎」などという、トランプの言葉の下劣さには恐れ入る。アメリカの有力財界人を輩出している、名門経営大学院ペンシルバニア大学ウォートン・スクール出とはとても思えない……。

メキシコからの移民はもちろん不法移民だけではない。そうした正規移民の少なからずがトランプを支持している。

オレオはもう食わん!

ナビスコめ、ナビスコめ! おお、オレオ! 私は大好きだ! でも、もう食べないぞ! 二度と、絶対に。この、ナビスコめが!

2015年8月21日　遊説演説(アラバマ州モービル)

解説

トランプは、予備選のスピーチで、アメリカの有力企業が中国やメキシコなど低賃金の国々に進出して、アメリカの雇用と繁栄を奪ったと繰り返し主張。なかでも、自動車大手フォード・モーターや菓子メーカーの大手ナビスコをやり玉にあげている。なお「オレオ」はナビスコの人気主力商品のクッキー。

実はメキシコ大好き!?

私はメキシコが好きだ。メキシコ人も好きだ。メキシコ人を数千人も雇っている。彼らは私のために働いてくれた。何十年にもわたって。そして今も。

2015年8月25日　遊説演説（アイオワ州デュビュク）

解説

ご都合主義、ここにきわまれり。しかし、これも半面の真実であり、トランプ流の自負でもある。

正規の手続きをとって入国したメキシコ人なら、正規雇用する。だから、共和党のなかでは、意外にもヒスパニックの票を稼いでいるのだろう。

トランプの不動産開発現場には多数のヒスパニック系労働者が働いている。

水責めの刑にしてやる！

いいか、あのクソーSーSどもめ。人の首を切り落とし、檻に閉じ込め、溺死させる。そんな輩は、水責めの刑にしてやる。そう思わないか？

2015年9月9日 「ローリングストーン」誌

解説

この「拷問容認発言」後、2016年3月22日ベルギーのブリュッセルで連続爆破テロが発生するや、トランプは「現行では拷問は禁止されているが自分が大統領になったら法律を変える」と発言をエスカレート。ヒラリーをはじめ内外から批判が続出すると、トランプは3月4日、発言を撤回、大統領に選ばれたら国際法に違反することを米軍に命じることはないと言明。「前言撤回」で攻撃をかわす反射神経の良さは脱帽ものだ。

やつらの資金源を絶て！

やつらの石油をいただくんだ。実にシンプルなことだ。いただくんだ、ISISが石油を押さえている地域から。火中に入って、いただいてくるんだ。

2015年9月3日　「エコノミスト」誌

解説

トランプは中東への軍事派遣には抑制的でイラク戦争にも反対してきたが、ことISISに対しては超強硬派だ。「ISISの油田を奪って、彼らの資金源を断つ」というのが持論。ただし、アメリカ主導の軍事作戦には反対で、「サウジアラビアなどアラブ諸国が地上軍を派遣してIS壊滅に取り組まない限り、原油購入を見合わせることもあり得る」と表明。要は、「あくまで自分の懐は痛めない」がトランプ流戦略なのだ。

最悪のゴミの山だ。こんな建物ははじめて見た。テロリストどもに降伏したようなものだ。最悪だ。

2005年5月19日　記者会見（ニューヨーク・シティ）

解説

こんな建物とは、3・11同時多発テロで倒壊したワールド・トレード・センタービルを再建したフリーダム・タワーのこと。70階以上がスケルトン風になっているデザインに対して、トランプが異議を唱えた。「頭が透明な骸骨ビルではテロリストに屈服宣言したようなもの」という意味。その上で、「元の姿を復活させるか何も建てずに記念公園をつくるかだ」とし、自分が建ててもいいと主張したが許されなかった。

サウジ様々

私はサウジアラビア人が大好きだ。やつらはこのビルの中に大勢いる。やつらは1日に10億ドル稼ぐんだ。

2015年6月16日　大統領予備選挙出馬表明（ニューヨーク・シティ）

解説

「このビル」とは、ニューヨークにそびえるトランプ・タワーのことだ。高さ202mの58階建てで、ニューヨークでは52番目の高さを誇るビルである。1983年11月30日に正式にオープン。5階のアトリウムでは滝が流れるサプライズを演出。トランプが主宰するミスUSA、ミス・ティーンUSA、ミス・ユニバース優勝者がここで共同生活していたことでも知られる。

そして、テナントとしてサウジの石油関係者も大勢入っている。一見、彼らを持ち上げているようだが、彼らからたっぷりいただいて、わがアメリカにカネを取り戻しているという含意もあるのだろう。

彼らのほとんどがすばらしい。私が保証する。一番のポイントは、彼らのほとんどがすばらしいってことだ。

2015年9月20日　ABC「ディス・ウィーク」

解説

ABC「ディス・ウィーク」のキャスターのジョージ・ステファノポラスから「イスラムについて特に言いたいことがあれば」と訊かれて答えたもの。

このコメントの後、「あんたたちがニュースで流す軍事紛争も問題だが、それは世界全体で解決すべきだ」と返している。

好戦的と思われがちなトランプだが、こと国際的紛争には「自国第一で世界の警察にはならない」が基本的な立ち位置である。

生まれ変わったら黒人に

今日からやりなおすとしたら、私がなりたいのは、高学歴の黒人だ。だって、そうだろう、やつらは履かされているんだ、ご立派なゲタを。

1989年9月5日　NBCニュース「人種に関する意識調査」

解説

トランプの黒人差別発言は、マスコミに登場して有名になる30年近く前からの「確信犯」的所業である。

大学への黒人優先枠などによって一部の白人層（特に貧困層）がワリを食っている。

トランプの一連の「反黒人妄言」は、そんな人々の共感を呼んでいるのだろう。

もちろんトランプ〝お気に入り〟の黒人もいる。その一人が黒人の血が入っているプロゴルファーのタイガー・ウッズだ。

**あたしが思うに、こいつはなんも
わかっちゃいない。これまでに、
トランプ・キャッスルやトランプ・プ
ラザで、黒人の会計士を雇っ
て、あたしの稼ぎの計算をしてもらっ
たが、どうも按配がよくない。
あたしの銭を計算してもら
うには、年がら年中ヤムル
カをかぶっているチビにかぎ
るね。**

1991年　ジョン・R・オドネル／ジェイムズ・ルーサーフォード
『ドナルド・トランプの真実―狡猾なる栄光と劇的なる没落』

解説

黒人に対する一目瞭然の差別的妄言である。さらにひどいのは、原文はわざと「つたない文章」になっている。特に本来大文字でなければならない「私」のIが小文字のiで記されている。これは、教育のない黒人の文章作法を揶揄したものだ。

一方「年がら年中ヤムルカをかぶっているチビ」とはユダヤ人のことである。「ヤムルカ」は ユダヤ人男性が教会や家庭などでかぶる縁なしの小さな帽子。ここではトランプの「親ユダヤ」の姿勢がうかがわれる。

黒人差別と命がけで闘い続けたマンデラとトランプ夫妻のスリーショット。

聖書には及ばないが……

私の本『The Art of the Deal』を読んだ人は？　これはすごい、ほとんど、いやほぼ全員じゃないか！　でも、冗談めかして言うと、**聖書の足元にははるかに及ばないがね。**アイオワの集会で、そうしゃべったら、**ウケにウケた。**

2015年8月29日　共和党全国大会（テネシー州ナッシュビル）

解説

『The Art of the Deal』（邦訳『トランプ自伝―不動産王にビジネスを学ぶ』ちくま文庫）は、トランプが不動産王として成り上がるために銀行との折衝やライバルとの攻防を描いた初の著作で、ミリオンセラーとなった。だが、いくら話題作であれ、またいくら冗談であれ、聖書と比べるのは、敬虔なキリスト教徒たちにとっては妄言である。

トランプ自伝の原著。不動産王として成り上がっていく様を、詳細にわたり述べて大ヒットした。

私は自分が神だなどとは思ってもいない。私は神の存在を信じる。もし神がわがトランプタワーの一室をお望みなら、即座にご用意しよう。最上級の贅をつくしたスイートルームを。ただし特別料金はいただくがね。

2004年 詩人のメレディス・マッキーヴァーとの共著『億万長者の発想術Think Like a Billionaire』

解説

トランプさん、こんなことを言っていると、天国に行くときに神様から「特別料金」を取られますよ。まあ、天国に行けるとしての話だが……。

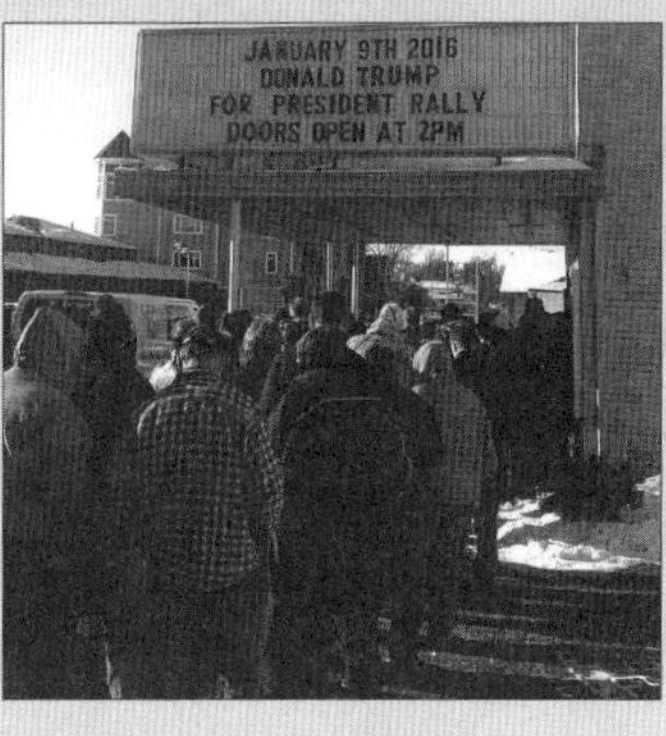

トランプの集会の前にできた大行列。確かに神まではいかないが、ちょっとした宗教家のように熱狂的なファンをどんどん生み出している、

ローマ法王にも好かれたい！

もし、あのお方が私のことを知っていたら、きっと私を好きになってもらえる。あのお方が、これまでの法王とは、ほんのちょっぴり毛色が変わっているのなら。

2015年9月20日 NBC「ミーツ・ザ・プレス」

解説

「あのお方」とはフランシスコ・ローマ法王のことだ。トランプの「メキシコ国境に壁」妄言（19〜20ページ参照）に対して、折しもメキシコを訪れていた法王は、2月中旬バチカンへの帰路の途中で次のような異例のコメントを発表した。

「架け橋を築けても築けなくてもそこに壁を作ることばかり考える人はキリスト教徒とは言えない」

これに対して、トランプはこうやりかえしてますます事態をヒートアップさせた。

「宗教指導者として、一個人の信義を疑うことは不名誉なことである」（共に引用はAP通信）

このやりとりをさらに茶化してみせたのが、上の妄言である。

私は、ティーパーティーとも、きわめていい関係だ。保守派とも、きわめていい関係だ。穏健派とも、きわめていい関係だ。福音主義者《エヴァンジェリカル》とも、きわめていい関係だ。私は、すべての人々ときわめていい関係だ。

2015年9月3日　「エコノミスト」誌

解説

ティーパーティーは「小さな政府」を求める保守派のポピュリスト運動。それとも重なるのが福音主義者《エヴァンジェリカル》。保守的な信仰理解に立つプロテスタントで、アメリカでは大きな社会的影響力を持ち、レーガン、ブッシュ父子の共和党政権を支えてきた。

一方、トランプの支持者は「secular populism（世俗的ポピュリズム）」といわれる信仰心の薄い人々。トランプがローマ法王を茶化していながら受けているのも、そうした支持者がいるからである。

しかし、選挙に勝つためにはやはり「全方位外交」が必要である。かくしてトランプは、福音主義者にも気後れすることなくおべんちゃらを使う。さすがリアリスト！

これだけは許せない!

もはや「クリスマス」という言葉は使えなくなる。かのメイシー・デパートも使わなくなるだろう。もう「クリスマス」という言葉は使えなくなるんだ。私に限っては、そんなことは許さない。絶対に許しはしない!

2015年9月3日「エコノミスト」誌

解説

★クリスマスを取り戻す！

近年アメリカでは、クリスマスに対する無宗教化の動きがある。11月の第4木曜日の感謝祭から新年1月1日の間は「クリスマスホリデー」と呼ばれてきたが、この間にはユダヤの「ハヌカ祭」、アフリカ系アメリカ人の祝祭「クワンザ」もある。

そんなことから、公的には「ホリデーシーズン」と呼ばれ、その時季を祝う言葉も、「メリークリスマス」ではなく、「ハッピーホリデー」が使われるようになった。

トランプはこれに異議を申し立てている。そこまではやりすぎだろうと。トランプと同じく信仰心は薄いが、かといって無神論者でもない多くの庶民の気持ちを代弁したものといえよう。神さまを茶化す一方で、ちゃんとフォローは怠りない。さすが芸が細かい。

ちなみにメイシー・デパートはニューヨークを代表する百貨店。毎年感謝祭の日に行うクリスマスパレードが有名で、それが舞台となった映画「34丁目の奇蹟」もつくられている。

クリスマスの日に一堂に会したトランプ一家の様子。

ライバルはどいつも飾り人形だ

ニセモノ《ダミー》だらけだ。違うか？あっちにもニセモノ。こっちにもニセモノ。連中のことを出来が悪いと言う輩がいるが、私はそうは思わない。連中は何をどうすればいいのかわからないだけなんだ。

2015年9月14日　遊説演説（アラバマ州モービル）

解説

ニセモノと訳したが、原語のDammieには、飾り人形、射撃練習用の標的人形、かかし的人物などの意味がある。もちろんここではトランプ大統領選のライバルたち。見事と言うかあえなくと言うか、トランプの言葉の銃弾の格好の「標的人形」にされてしまった。

ライバルはドングリばかり

みんなにトランプを愛してもらいたい。大きな仕事をする人間だとわかってもらいたい。ライバル候補者たちはどうか？言うまでもない。私にとっては、どいつもこいつもドングリの背比べだ。

2015年9月12日　記者会見（アイオワ州ブーン）

解説

この時点の世論調査では、トランプは下馬評に上がった候補者を入れると20人を超える「ライバル」のなかで、ダンゴになった中位グループにいた。それなのにこの自信はどうだ！

ライバルは等しく見下す。「余裕しゃくしゃく」は最初はポーズであっても、やがて実態となる。これもトランプ流。それで、あれよあれよという間に大統領選のライバルたちを追い抜いてしまった。

解説

いいやつらだが何もできない

とてもいいやつらと闘っている。世論調査では自分がリードしているが、とてもいいやつらだ。でも、あいつらは何もできやしない。

2015年9月15日　戦艦アイオワでの演説（ロサンゼルス）

男として……

手が小さい人は、他の場所も小さい。

2016年3月3日　共和党大統領候補者討論会（ミシガン州デトロイト）

解説

追撃の手を緩めない。これがトランプの妄言口撃の鉄板の法則である。予備選も佳境に入った2016年3月3日、4州同時の予備選挙直前に行われたテレビ討論会で、トランプは執拗に追尾する若手ホープのマルコ・ルビオをこう茶化した。

マスコミは、神聖なる大統領選で「下ネタ」はあり得ないとトランプを批判したが、トランプには逆風とならなかった。逆にルビオは紋切り型の答弁を繰り返すことで脱落した。

共和党の有力候補の一人だったルビオもトランプの下ネタも効果的に活用する口撃術の前に、あえなく撃沈。

お呼びじゃない男

一番お呼びじゃないのは、もう一人のブッシュだ。私は、そうはっきり言いたい。

2015年1月24日　アイオワ自由サミットで（アイオワ州デスモイネス）

解説

ブッシュ一族のジェブ・ブッシュ・フロリダ州知事は、当初は毛並みの良さから本命中の本命とされていた。しかし支持率は伸び悩み、2016年2月20日に大統領選挙から早々と撤退を表明。トランプの予言どおりになった。

ジェブ・ブッシュの妻、コルンバ・ガルニカ・ギャロはアメリカへ出稼ぎにやってきたメキシコ人労働者の娘。メキシコ人女性との「愛」は、「愛」ではないとアメリカ全体にとっては大衆の深層心理に訴えたのである。

解説

愛なんかないだろ

ジェブ・ブッシュはメキシコとつるんでこう言った。みなさん、いらっしゃい！　おかげで、やつらはやってきた。それって愛ある行為か？　もちろん、愛ある行為であるはずがない。

2015年8月11日　記者会見（ミシガン州バーチラン）

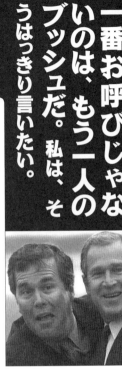

テッド・クルーズは氷屋さん

おいしい氷がほしいときは、カナダ人に頼むのが一番だ。そうだろ？だったら、あのチビのカナダ人に頼んでみたらどうだろう。

2014年5月27日　ナショナル・プレス・クラブ

解説

「チビのカナダ人」とは、共和党主流派の支援を受けて、今や大統領候補で2番手につけるテッド・クルーズのこと。クルーズはアメリカ国籍の他にカナダ国籍も持っていたが、大統領選への配慮から2014年に破棄したことを揶揄したものだ。

なお、クルーズの主な支持母体はキリスト教右派で、その政策は、進化論否定、人工中絶・銃規制・同性愛・性的少数派の権利確立反対と、トランプよりもはるかに右寄りである。

トランプ188㎝に対しクルーズは173㎝と、確かに身長差はあるが……。

あのご面相を見ろよ。誰が、投票する気になるかってんだ。次期大統領のタマだと考えるやつなんかいるもんか？ 彼女は女性だし、ことさら悪く言うつもりはない。でも、いいか、みなさん！ 目をさましたほうがいい。

2015年9月9日 「ローリングストーン」誌

解説

元ヒューレット・パッカードCEOで共和党大統領候補のカーリー・フィオリーナに対する口撃。トランプの審美眼からすると、「ひどいご面相」なのかもしれないが、果たしてそこまで言うほどか。これでフィオリーナは脱落。恐るべし、トランプの口撃力。

当初は民主党ヒラリーのライバルとも目されたが、やはりトランプの前に敗れ去った。

マケインは英雄だ！

ジョン・マケインは偉大な人物だ。ケタ外れに男だ！大昔からの知り合いで、浅からぬ間柄なのは、私がジョン・マケインを深く知り抜いているからだ。

2008年9月17日　CNN「ラリー・キング・ライブ」

解説

ジョン・マケインは、共和党の重鎮。ベトナム戦争の英雄で、当時、トランプはこのように高く評価していたのだが……。

解説

右の言葉から7年後、その評価が180度変わった。これはどういうことなのか。実はこの「捕虜」発言は、その3か月ほど前にマケインが、トランプの一連の不規則発言を批判した（プレスTV）ことへの「対抗措置」だったのだ。

やっぱ捕虜は英雄じゃない！

やつは戦争の英雄だ。捕虜になったからだ。でも、私は捕虜じゃないほうがいい。そうだろう？私は、やつのことを戦争の英雄だと言いたくない。なぜって、捕虜だったからだ。

2015年7月18日　CNN「アンダーソン・クーパーの360度」

虚栄、それとも本気？

結論を言おう。私はアメリカ合衆国大統領選挙に出馬しようと思う。それは断じて虚栄からではない。

2000年　デイヴ・シフレットとの共著『あらまほしきアメリカThe America We Deserve』

解説

トランプの政治遍歴は実は翩々《へんぺん》きわまりない。あるときは民主党から、あるときは共和党から、どちらからもお呼びがかからないと第三の政党からと節操がない。首尾一貫しているのは、ビジネス界でトップをきわめたのだから、次は政治の世界でトップになりたいという野望である。

解説

トランプは2000年に、リフォーム（改革）党という第三の政党から短期間だが出馬の構えを見せ、連日テレビに出演して視聴率を獲得した。それは実はトランプの不動産事業の宣伝であったとも考えられている。

結局は事業の宣伝だった？

選挙運動なんかやるべきじゃない。だったら、そうだ、直接、ホワイトハウスに乗り込んでやろう。

2005年5月17日　CNN「ラリー・キング・ライブ」

ポリティカル・コレクトなんて、とんでもない！

私は選挙には出ない。政治的に正しく《ポリティカリー・コレクト》あれなんて、とんでもない。いい人であるなんてまっぴらだ。そんな人間になったら、まるで弱腰の政治家じゃないか。むかむかする。

2006年10月28日　CNN「アンダーソン・クーパーの360度」

解説

「ポリティカリー・コレクト」とは、偏見や差別をせず中立的な表現や用語を用いること。トランプがアメリカの政治家にとってのこの「大前提」を無視する暴言・妄言で物議をかもしているのはご存知のとおりだが、なにも今に始まったことではなかったのだ。

解説

意味深長な発言だ。トランプはかつてクリントン・ファンデーションに政治献金をしており、3度目の結婚式にはクリントン夫妻を招待している。そんな過去の経緯もあって、「トランプは民主党員の回し者だ」と危険視する党内世論を逆手にとった自己アピールでもあるのだろう。

共和党なのに民主党？

もし私がリベラルな民主党員だったら、きっとこう言われることだろう。未曾有の超天才だ。未曾有の超天才だと。

2015年9月20日　NBC「ミーツ・ザ・プレス」

諸君は、栄光を諦めてやしないか。もうこれ以上はむりだと。全員総立ちになって、叫んだじゃないか。「勝って、勝って、勝って、勝ちまくろう」と。もし私が勝てば、われわれは全面的な栄光を手に入れられる。貿易でも、健康で安心な暮らしも、あらゆるものを。

2015年8月29日　共和党全国大会（テネシー州ナッシュビル）

解説

ライバルを叩きのめすトランプの暴言・妄言・奇言ばかりがマスコミをにぎわすが、トランプは「勝つための基本」を忘れていない。あくまでも剛速球があっての変化球である。

大衆にもっとも染み入った剛速球は、「アメリカンドリームの復活」だ。そのシンボルが、「古き良きアメリカをもう一度 Make America Great Again」のスローガンで、トランプ陣営はこのロゴ付きの野球帽をかぶり遊説を繰り広げている。

自分の手の内は他人には知られたくない、想定される特定の事態については。反対陣営には知られたくない。だから私は訊かれても何も答えたくない。いま世論調査ではつねにトップを走っているが、勝つためには、自分の手の内は知られたくない。

2015年9月3日　ヒュー・ヒューイットのラジオショー

解説

トランプが明かしたくないと言う「手の内」とは何か？　ライバル陣営に知られては困る個別の選挙戦術と考えるのが一般的だが、ここにはもっと大きな意味が隠されているのではないか。現在取り沙汰され始めたが、トランプを嫌う共和党主流派は、仮りにトップであっても代議員の過半数に満たないという制約条件によって、トランプを共和党の大統領候補に選ばない可能性がある。
そのときの「手の内」を言っているのかもしれない。

私は心から忠誠の誓いを立てる、わが共和党に。共和党が拠ってたつ保守主義に。そして、われわれは打って出る。そして、必死で闘う。そして、勝つ、われわれは勝つ。

2015年9月3日　記者会見（ニューヨーク・シティ）

解説

この項の原著のタイトルは「PLEDGE OF ALLEGIANCE」、直訳すれば「忠誠の誓約」である。なぜ「踏み絵」と意訳したのか。実はこの日、トランプが党によって誓約させられたのは、「彼以外の人物が共和党大統領候補に選ばれたらその人物を支持し、第三の政党から出馬はしない」というものだった。かつてトランプには2000年にリフォーム党という第三の政党から大統領選に出馬しようとした過去がある。今回トランプを共和党の大統領候補予備選に参加を認めたのも、共和党の票が食われるのを予防するためという説が有力である。ところが、「トランプなんてどうせ泡沫、引き込んでおいて潰してしまえ」と思っていた党主流派の予想が裏切られたというのが目下の情勢なのである。

嘆き節

私が得たものはゼロ。まったくなし。問題は、誓約に署名して何を手にしたかだが、まるでなしだ。

2015年9月3日　記者会見（ニューヨーク・シティ）

解説

強気一点張りのトランプにしては、珍しい「嘆き節」だ。というのもこの日、前述の他人が大統領候補に選ばれた場合、その人物を支持し第三の政党からは出馬しないという共和党の誓約書にサインさせられたのだ。この時点では泡沫候補だったが、大本命となった今、この誓約書はどのような意味を持つのだろうか。最近、トランプは局面によっては反故にしかねない微妙な発言をしているが……。

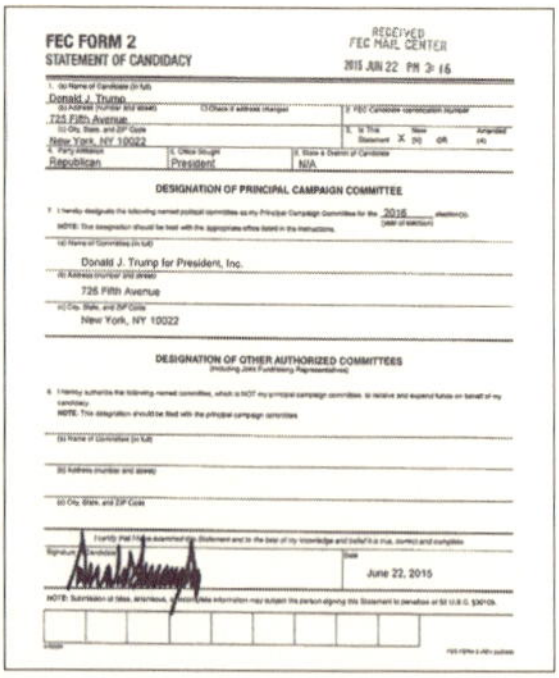
FEC FORM 2
STATEMENT OF CANDIDACY
RECEIVED
FEC MAIL CENTER
2015 JUN 22 PM 3:16

Donald J. Trump
725 Fifth Avenue
New York, NY 10022
Republican
President
N/A

DESIGNATION OF PRINCIPAL CAMPAIGN COMMITTEE

2016

Donald J. Trump for President, Inc.
725 Fifth Avenue
New York, NY 10022

DESIGNATION OF OTHER AUTHORIZED COMMITTEES

June 22, 2015

実際のトランプのサイン入りの誓約書。

お願い節

自慢じゃないけど、いつもはこんなこと言わないんだ。でも、みなさんの清き一票が欲しいんだ。わかってもらえるだろう？わかってもらえるだろう？いつもはこんなこと言わないんだ。

2015年8月29日　共和党全国大会（テネシー州ナッシュビル）

解説

「嘆き節」の次は、土下座をせんばかりの「お願い節」である。洋の東西を問わず選挙となれば最後はここに行きつく。政治は人間をかくもあさましく変えてしまう。ましてや世界最強の権力者を決める選挙となればなおさらである。今それを一番実感しているのは、当のトランプかもしれない。トランプのこうした「あざといまでのあけすけのなさ」が、カワイイやつだと、大衆の琴線に触れるのだろう。ひょっとしたらそれもトランプの計算かもしれないが。

変幻自在な私

私はどんなふうにも変身できる。超エレガントにも超洗練された人にも。政治的中立《ポリティカル・コレクト》だって大丈夫。金輪際、気が触れたような発言はしない……。要するに、なりたい人間になれるってことさ。

2015年8月19日　「ハリウッド・リポーター」誌

解説

トランプは、前掲では政治的中立《ポリティカル・コレクト》なんてまっぴらだと公言している。そして今回の大統領選でも。まあ、このいい加減さはどうだろう。そう、この「変幻自在な私」がトランプの実態で、自己矛盾や前言撤回をしても人気を失わないゆえんなのであろう。

何にでもなれるということは、政治家にとっては「君子豹変す」で、けっしていいことではない。でも、政治家らしくないところがトランプのウリなので、それが必ずしもマイナスにならないということなのだろうか。

フセインを生かしておけば……

サダム・フセイン、やつがテロリストをどうしたか知ってるか？　殺したんだ。ところが、イラクは今流血の地になってしまった。連中にとってイラクが一番安全な居場所になったからだ。

2007年10月15日　CNN「ラリー・キング・ライブ」

解説

第43代米大統領のブッシュ・ジュニアによる、アフガン、そしてイラクへの侵攻を失政と断じるトランプ。そこから新しい安全保障政策が生まれてくるのか。世界が固唾を飲んで見守っている。

軍事は私に任せとけ！

今本気で話すべきは、私に言わせれば安全保障だ！軍隊だ！それについてなら、私は知り抜いている。われながら思う、最大のサプライズとは、私が勝って、国家の安全保障に大いなる腕をふるうことだ。

2015年9月12日　記者会見（アイオワ州ブーン）

解説

大方のアメリカ国民からトランプの「不得意科目」と見られているのは、実は、軍事・安全保障である。そして、それを一番知っているのは当人だ。

そこでこの発言になる。ただし、弱点をつかれる前にこちらから打って出る。これがトランプ流だ。

ここで、外交・軍事戦略のトランプ流トンデモ発言を紹介しておこう。

「核兵器はまさにパワーであり、その廃絶は私にとって大問題だ。誰も、誰も、誰も、我々に手出しができないようにしてやるのだ」「ひとたび彼奴（北朝鮮の金正恩第一書記のこと）が運輸システム（核の運搬手段のこと）を持てば核を使用するだろう。その時が差し迫っているから、核施設を閉鎖させなければならない」（共に高野孟ブログ「THE JOURNAL」2015年2月10日）

第2章★私はなぜこれほどまでに愛されるのか？

ドナルド・トランプが暴言・妄言を吐きながら、
惹かれる人がかくも多いのはなぜか？

それは「自虐」と「臆面のなさ」とが
セットになっているからだ。

「こんなに才覚があるから富豪になって当然だ」

と上から見下しているだけなら、忌み嫌われる。

ところがトランプは、

「自分にはこんなダメなところがある」

と弱点をさらす。それによって、

「けっこういいやつじゃないか」

との共感を抱かせるのだ。

見事な自己紹介

私はまっとうな人間だ。リーダーシップもある。けた外れの会社を興した。立派な学校にも通った。ベストセラーを執筆した。空前絶後のビジネス書『The Art of the Deal』がそれだ。ショービジネスでも大成功を収めた。ハリウッド・ウォーク・オブ・フェームの星にも刻まれた。わが「アプレンティス」はもっとも成功したショー番組の一つだ。

2015年8月20日　「タイム」誌のインタビュー

解説

★まったくブレない「自画自賛」

まずは、トランプのあきれるほどの「自画自賛」からご紹介しよう。

一体全体、この満々たる自信はどこからくるのだろうか？

それは、やはりマスコミへの露出のおかげだろう。

今やメディアはトランプ攻撃の急先鋒となり、トランプも負けずにやり返しているが、実は視聴率を上げるための出来レースと言えなくもない。もし、トランプ大統領が誕生したら、その生みの親はマスメディアとなるのではなかろうか。

なお、ハリウッド・ウォーク・オブ・フェームとは、エンターテインメント界で活躍した人物の名前が星型のプレートに刻印された5キロほどの歩道のこと。その数は2000名を超え、観光名所となっている。また、「アプレンティス」はホスト役のトランプの「お前は首だ！」のセリフで高視聴率をとった名物テレビ番組。番組の詳細は次ページで。

なお、『The Art of the Deal』は、トランプの最初の自伝的著作でベストセラーになった（詳細は34ページ参照）。

2007年、まさにハリウッドのスターとなったトランプ。妻と息子バロン。ところが、現在その差別発言により、トランプの星がいたずら書きの標的となっており、さらにウォーク・オブ・フェームから排除を求める署名活動も行われている。

エンターテインメントとテレビの世界で成功するのは簡単なことだ。
高い視聴率を取れ。
いいか、高い視聴率を取れば、中身が良くなくたってお化け番組になる。
あとは、ただ突っ走るだけ。ずっと、ずっと。
たとえ、あんたに中身がなくっても。

2015年9月14日　遊説演説（テキサス州ダラス）

解説

★まさにテレビがつくり上げた一大モンスター

まさにこれはトランプの体験的な実感だろう。アメリカ人なら知らぬ者などいないNBCのリアリティ番組「アプレンティス(The Apprentice)」で、トランプ自身もモンスターとなったからだ。

タイトルの「アプレンティス」は「見習い」の意味で、有名人たちにトランプの関連企業の役員見習いをさせ、ホスト役のトランプがその採否を決める。トランプのメガネにかなわないと、「お前はクビだ(You're fired)」の決めゼリフでばっさり斬られるシーンが人気を博し、2004年の放送開始以来、お化け番組となった。

トランプとマスメディアは「もちつもたれつ」の関係にある(正確にいうと「あった」)。トランプはマスメディアによってモンスターとなり、かたやメディアはモンスターと化したトランプが稼ぐ視聴率で大いに潤った。

しかし、その「共犯関係」に亀裂が生じ、今回の大統領選をめぐって両者のバトルは熾烈化。さて、軍配はどちらに上がるか……。それがアメリカ大統領選の帰趨を決めるかもしれないので、要注目だ。

自身がホスト務めた大人気番組「アプレンティス」のお決まり「you're fired(お前はクビだ)」ポーズを決めるトランプ。

お前はクビだ！と何度言われたことか

外を出歩いていると、決まって、人からこの言葉を投げかけられる。「お前はクビだ！」年端もいかぬ子どもたちが寄ってきては、「ミスター・トランプ、お前はクビだ！」といって、笑い声を上げながら走り去っていく。まさにお祭り騒ぎだった。これぞ名文句と言わずして何と言おう。

2004年10月「プレイボーイ」誌

解説

トランプの「アプレンティス」が、いかに人気があるかということを物語る興味深いエピソードだ。もし、このお化け番組のホスト役兼プロデューサーをトランプがしていなかったら、トランプが大統領選に出馬するチャンスもなかったろう。

連中ときたら年俸50万ドルももらって、ただ椅子にふんぞりかえって、マスをかいてるだけじゃないか。連中を評論家先生と呼ぼう。

2015年8月21日　遊説演説（アラバマ州モービル）

解説

今や、トランプに対して、マスコミは包囲網をしいて、集中砲火を浴びせている。その最大の応援団は、キャスターをはじめとする放送関係者だ。彼らをすべて敵にまわすことになってトランプの舌鋒口撃も激しさを増し、それによってマスコミも視聴率と部数を稼いでいる。そして、それが評論家先生の年俸の一部にもなるというわけである。

ハリウッド・セレブからの秘密電話

私には仲のいいハリウッド人がゴマンといる。そいつらは電話をよこして言う。「ドナルド、俺は超リベラルだ。きみに投票する。頼みをきいてくれないか。誰にも内緒でね」

2015年8月19日 「ハリウッド・レポーター」誌

解説

アメリカの大衆が大好きなハリウッドのセレブたちから、高い評価を受けている。それどころか、どうやらその大物が「超リベラル」——ということは本来なら民主党びいきなのに、「頼みを聞いてくれ」と内緒で頼んできた。ということは、やはり私が大統領になりそうだ。そう聴衆に刷り込む話術は、明らかに計算されている。

名優ジャック・ニコルソンとのツーショット。無論、この会話の主がジャック・ニコルソンかどうか知る由もない。

あら、あら、なんてこった！私がトップページを飾るはずだったのに！レディ・Ｄｉのせいで、なんと私の記事は３ページ目になった！なんてこった！

2005年　ロバート・ステイラー
『ここまで書いていいのか～ドナルド・トランプの私生活』

解説

「レディ・Ｄｉ」とは1997年にパリで不慮の死をとげたダイアナ妃のことだ。

実は彼女は、その前年の1996年に離婚、一時米国に住んでいた。その好機を逃すトランプではない。何度も花束を贈りデートに誘ったが、相手にされなかった。

トランプは自伝で、「（悔しいのは）レディ・ダイアナ・スペンサーと交際する機会がなかったことだ」とまで書いている。まったく懼《おそ》れを知らない男だ。

私を好きなやつが好きだ！

カニエ・ウェスト！　私は、やつのことをこき下ろしたりはしない。

なぜかって？　やつはトランプ・ファンだからだ。トランプがイケてると、やつは言いふらしている。

「トランプは、俺の生涯のヒーローだ」と。

私はやつが大好きだ！

2015年9月3日　ニューヨークでの記者会見

解説

黒人を叩く一方で、才能ある黒人から評価されているとして妄言を中和させるのもトランプ流。カニエ・ウェストは絶大な人気を誇り、ヒット曲を連発している黒人ヒップホップ・ミュージシャン。

カニエ・ウェスト同様、大人気のヒップホップアーティスト、リル・ジョンとのツーショット。

みなさんはご存じだろうか？ 私の名前が、黒人のヒップホップの中で、よく登場することを。黒人のエンターテイナーたちはドナルド・トランプが好きなのだ。ラッセル・シモンズが言うには、「ヒップホップには、誰よりもあんたの名前がよく出てくる。最近は5本の指に入る」だと。光栄なことだ。

2004年10月「プレイボーイ」誌

解説

やはりトランプは、一部の才能ある黒人たちから評価されていることをさかんに喧伝。前ページの言葉同様、黒人差別主義者という批判を中和してかわそうとする話術は、なかなかしたたかだ。ちなみにラッセル・シモンズは、ヒップホップを一大音楽ジャンルにした伝説の黒人実業家。トランプとは友人だが、最近の人種差別的発言については、さすがに批判している。

残念！　エミー賞を逃した……

誰もが私が受賞すると信じて疑わなかった。実際、受賞者の名が発表される前に、私は立ち上がっていた。エミー賞を受けるべく壇上へと歩き始めた。そこへ発表があった。なんと、呼び上げられたのは、退屈きわまりないテレビ番組だった。ガッカリポンもいいところだ。あんなクズ作品が受賞するなんて。

2015年1月19日　NBC「セレブリティ・アプレンティス」

解説

★暴走し続ける妄想

エミー賞とは、いわばテレビ界のアカデミー賞。この発言はトランプ一流の洒落をきかせているので、ちょっと背景説明が必要だ。２０１４年８月に発表された第66回エミー賞で、最優秀作品賞に輝いたのは、末期がんを宣告された化学教師が家族のためにドラッグづくりに乗り出し、ドツボにハマっていく異色ドラマ「ブレイキング・バッド」である。

一方トランプが「私が受賞するものと誰もが信じていた」というのは大統領選をめぐる政治的野望を描く人気ドラマシリーズ「ハウス・オブ・カード 野望の階段」だ。カードとはトランプのカードのことで、「トランプのカードでつくった壊れやすい家」と、ハウスには「議会」の意味もあることをひっかけたものである。

ただし、トランプが出演しているわけでも監督をしているわけでもなく、「関係者」として会場に招待されているわけでもない。自身のいわば「妄想」を語ったわけで、これもトランプ流といえよう。

エミー賞の舞台は妄想だが、最近アメリカで話題になっているのが、２００７年、プロレス団体WWEを舞台に行われた髪剃りデスマッチの動画。これは互いに億万長者を自負するトランプと同団体のオーナー、ヴィンス・マクマホンとの代理人による一戦。勝ったトランプがマクマホンの髪を剃り上げた。

私には100万のフォロワーがいる。100万だぞ。もう記者発表はやらない。ツイッターでその代わりができるからだ。その威力たるやすごい。減損分の引き受けなしに、ニューヨークタイムズを手に入れたも同然だからだ。いやはや、すごい。

2014年5月27日　ナショナル・プレス・クラブ

解説

もはやマスメディアは頼りにならない！ということか。齢70でネット選挙とはトランプも若い。その作戦が効を奏すかどうか……、要注目だ。

ところで、日本でツイッターの王者といえば、橋下徹・前大阪市長で100万超という圧倒的なフォロワー数を誇る。アウトサイダーとしての政治乱入といい、妄言の数々といい、マスコミの巧みな操縦法といい、なんだか似ているところが多いが……。

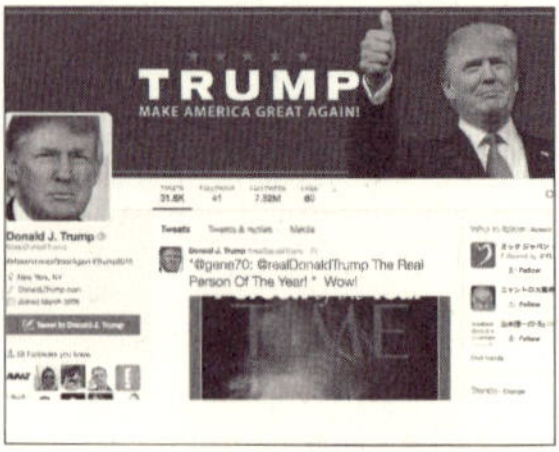

トランプのツイッター。2016年4月10日時点でフォロワー数750万人超という凄まじい人気を誇っている。

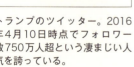

起きたらシャワー、髪を洗う。そして新聞を読んで、テレビのニュース番組を見る。それからおもむろに髪を乾かす。この間およそ1時間。ブロー・ドライヤーは使わない。髪が乾いたところで櫛を入れる。これがトランプ流。そしてヘアスプレー……。これで私の一日は万全だ。

2004年10月 「プレイボーイ」誌

解説

★トランプさんだぞ！

トランプは「自画自賛」が嫌味にならない不思議な人間だ。それは、これでもかというほど自分をイジる「自虐」で嫌味が中和されているからだ。

その「自慢と自虐の一体化話術」の最たるものが、「カツラか地毛か」ネタである。

髪の手入れに毎日1時間もかけてみせるのも、そのためである。女性ならともかく男性としては時間のかけすぎだろう。ましてや超多忙で寸暇を惜しむビジネスマンならなおさらだ。

それでもトランプはヘアケアにこだわる。それは、あの独特のヘアスタイルが彼のトレードマークであり、自虐ネタのもとだからだ。

世界広しと言えども、これほど「カツラ疑惑」を効果的に自己演出して成り上がった男は他にはいない！

ALS（筋萎縮性側索硬化症）の研究を支援する「アイスバケッチャレンジ」にトランプも挑戦。場所はトランプタワーの屋上で、右のミスユニバースと左のミスUSAにかけられる氷水もトランプブランド。この動画でも「私の髪が本物か見たいだろ」と自虐ネタを交えている。

地毛だぞ。ほんとにそうかだと？　疑うやつらがいるから、ちゃんと証明してやった。このあいだアラバマで。その日は、めちゃくちゃ暑かった。おまけに雨も降っていた。で、私は帽子を脱いだ。そしたら、みんな言ったもんさ。「本当に髪があるぞ！」バカも休み休みにしろ。

2015年8月25日　遊説（アイオワ州デュビュク）

解説

トランプの「髪」はアメリカのバラエティ番組でも引っ張りだこだ。たとえば人気アニメの「シンプソンズ」のとある回のエピソードは、拉致されミクロ化された番組のキャラが、トランプの頭皮に入り込み、荒涼とした薄毛の世界を探検するというもの。人気バラエティ「サタデー・ナイト・ライブ」でも、同じようなコントが制作されたが、時間の関係でお蔵入りしてしまったとか。なお2015年11月初めにトランプが11年ぶりにホストを務めた同番組の視聴率は、2012年以降で最高となった。さすが数字を持っている男トランプである。

アメリカで大人気のコメディ番組「サタデー・ナイト・ライブ」のCMに出演したトランプ。自虐ネタを繰り出しながら、したたかに露出し続ける。

いいや、ヅラじゃないッつーの！

今、外は雨だ。私の髪が地毛である証拠だ。なぜって、カツラだったら外出なんかしないからだ。

2015年6月30日 CNN「アンダーソン・クーパーの360度」

解説

トランプの「カツラなのか地毛なのか」疑惑が面白おかしく取り沙汰されるのは、なにもバラエティ番組に限らない。

2015年8月、集会で参加者に髪の毛を引っ張らせた後、「地毛だ、間違いない」と宣言するところがCNNやFOXなどのニュース番組で報道され大反響を呼んだのだ。

無論こうした選挙活動・報道を邪道だとする意見も多い。ともあれメディアはトランプの術中にまんまとはまっているというわけだ。

1977年12月31日生まれの長男ジュニアを抱くトランプ。確かに髪型は当時とは変わっていないが……。

最近、とある文章を目にした。とってもいい話だ。これまで読んだなかでは最高の話だ。でも、2行目が良くない。「しかし、この男がつけているのは最低のカツラだ。私がこれまで目にしたなかで……」それは、私の髪のことだ。というわけで、このいい話を、私はこれ以上、紹介できない。

2014年12月15日　ワシントンDCの経済クラブでの発言

解説

トランプの髪の毛は、実は季節や照明の具合によってさまざまな色に変化する。では、髪の毛のプロの目から見たトランプの髪形はどうか。モデルなどを手掛けるフランス人アーティストいわく「形はかわうそのしっぽとトウモロコシのヒゲを掛け合わせたもので、色は現代アート」。もちろんトランプは意に介していないはずだが本心はどうか。非公式の伝記情報によると、最初の妻イヴァナとケンカとのもめ事の一つに、イヴァナが勧めた薄毛治療が結果として失敗に終わったことがあった。真偽のほどは不明だが、治療が失敗したからこそ話題がつくれたわけで、まさに転んでもただでは起きない男の面目躍如だ。

2015年11月、フロリダで開かれた集会でトレードマークのキャップをやおら脱ぎ、髪の毛をセットし直すトランプ。たったこれだけで注目を集めてしまうところが、トランプ現象の熱狂ぶりを物語っている。

ゲイ疑惑？

おそらく、私がそうじゃないことは、よく知られている話だが、もし、私がゲイだったら、自分がゲイだと認めるね。

2006年10月9日　CNN「ラリー・キング・ライブ」

解説

トランプは、ゲイであるエルトン・ジョンを結婚式に招待したり、ゲイスポットにも出かけているので、LGBT（性的マイノリティ）にフレンドリーであるようだ。大統領予備選の最中、レズビアンから「あなたが大統領に就任したら私たちLGBTはさらなる前進が期待でいるか」との質問を受け、「そうだ。多様な人をまとめなければ国はばらばらになるから」と答えている。ただし、同性婚には反対で、トランプの立ち位置の曖昧さを物語っている。

イギリスの歌手エルトン・ジョンとの1枚。友人だったが、自ら同性愛者を公言するエルトン・ジョンは、自身の「ロケット・マン」などをトランプが応援ソングとして使用したことに対し批判してもいる。

女は最高だ！　彼女たちは素晴らしい実務家で、いわば最終破壊兵器だ！

では、男たちはどうか。申し訳ないが……男というのはお会いできて光栄という程度のものだ。

女たちに「光栄」を使うときは、口先のお世辞じゃない。彼女たちは、並外れているのだ！

2015年8月9日　ABC「ディス・ウィーク」

★差別の反対の反対は……

「女性は素晴らしい」と言われても、アメリカの女性たちは額面どおりに受け取るだろうか。それでもトランプは臆面もなく「女性の味方である」と言ってのける。その臆面のなさが一部の女性たちに（とりわけおばさま方に）「憎めない」と思わせるらしい。それゆえ、女性蔑視発言を乱発しながらも、共和党候補のなかで意外にも女性の支持率が高い。

『崩壊するアメリカ』（ビジネス社）で、著者の横江公美氏は、実際にトランプに会った時の印象を「体は大きく包み込むような優しさがあった」「プレスリーとテディベアに似ている」と記している。ここに「女性キラー・トランプ」の秘密があるようだ。

マッチョ、男性主義を前面に出しているにもかかわらず、ご覧の通り熱狂的にトランプを支持する女性も多い。

私にとって、女性ほど美しいものはない。私は彼女たちを愛し、尊敬もしている。実際に素晴らしい女性を多く知っている。そして、感動的な関係も持った。何十年も昔から。しかし、男たちとも……。女も男も、いいやつもいれば嫌なやつもいる。

2004年10月「プレイボーイ」誌

解説

トランプの女性評価は実にシンプルでわかりやすい。すなわち、「いい女」か「嫌な女」かである。トランプにとって一方は「天使」であるが、片方は不倶戴天の「天敵」である。そしてトランプは前者には「甘言」をささやき、後者には「妄言」を炸裂させる!!　この先に登場する「妄言」の激しさにご注目されたい。

女性好きが高じてか、2002年からトランプはミス・ユニバースなど女性美をテーマにした各種イベントを主催。ところが2015年、一連の移民蔑視発言により、マスコミの協賛・放映中止を招き、事業からの撤退を余儀なくされてしまった。

女のいない人生なんて……

私は恋多き男だ。わが人生にロマンスがなかったら、ベストをつくそうなんて気にならなかっただろう。女を愛する理由の一つはそこにある。私にとって女たちは偉大なモチベーションなのだ。

2004年　メレディス・マッキーヴァーとの共著『億万長者の発想術Think Like a Billionaire』

解説

恋多き男トランプによると、女性とのロマンスの舞台にはニューヨークが最高なのだそうだ。以下、彼の言葉を見てみよう。

「ここでは、私は、大いなる尊敬と、時に愛をもって接してもらえる。私をハグし、触り、それ以外のこともしてもらえる。ニューヨークは、エキサイティングなだけでなく、超絶美人がわんさといる。世界で一番の美人がいる。私のような人間のために。そいつは悪いことじゃない」（1998年4月6日　ニューヨークマガジン誌「トランプといううぬぼれ屋」）

デビュー当初は〝純潔〟を売りにしていたが、いつの間にかトランプ同様、「恋多き女」となったブリちゃんことブリトニー・スピアーズとの1枚。

いいか、マスコミに何を書かれようと、関係ない。生きのいいイケてるセックスがやれてれば。ただし、相手の女は生きがよくてイケてなければだめだがね。

1991年5月「エスクァイア」誌

解説

「女にモテてこそ男」というマッチョ主義はいささかアナクロだが、まだまだ一部の人々のなかには「郷愁」としてある。トランプはそれを大いにくすぐってくれるのだろう。
トランプは今年の6月、大統領選のさなかに70歳になる。現在の妻は24歳年下だから、「まだまだ現役、これからだ」「性事がイケてなければいい政治もできない」とでも言いたいのであろう。

女たちはヘタな男どもよりも、はるかにタフで計算にも強い。私が関係した女たちはさらにそうだ。モデルではなく、中身のある女がいいと言う男もいる。それは、モデルをゲットできないやつの負け惜しみにすぎない。

1999年9月19日　ニューヨークタイムズ「モウリーン・ダウドのコラム」

解説

こう言われて、トランプに反論できる男は、アメリカ広しといえども、ほとんどいないだろう。なにしろ美人モデルを一人だけでもゲットできれば上首尾なのに、3人もゲットした実績をもつトランプだ。一見すると嫌味に思えるかもしれないが、そんな世界とはほど遠い一般庶民は、ただただ「すげえ」としか言いようがない。

モデルにしてお騒がせセレブの代表格の一人にして、カニエ・ウェストの妻キム・カーダシアンとのツーショット。

そう、こんな具合にメラニアを口説いたんだ。「きみは美しい。愛している。最高だ。信じられないくらいに。君なしでは生きられない。だから、結婚前契約にサインしてくれるか？」まあ、こんな塩梅だった。この世でもっともロマンチックな出来事とまでは言えないがね。

2007年10月21日　CNN「ラリー・キング・ライブ」

解説

メラニアとは、トランプの3度目の妻のメラニア・クナウス。このときトランプは59歳で、彼女は24歳も年下のモデル。2005年1月に結婚、翌年には男児をもうけている。

トランプをサポートする妻のメラニア。選挙運動中、モデル時代に撮影されたヌード写真を、テッド・クルーズを支持する政治団体によるネガティブキャンペーンに使われ、「ヌードになったことのある初めてのファーストレディー誕生か」と議論を巻き起こした。

芸のためなら女房も使う

私は女房にさえ信じてもらえなかった。でも、今では違う。こう言ってくれている。「あなたが本気で選挙に出るのなら、立派にやれる。だって、みんな、あなたのことが好きだから」確かに女房にはこう言われた。「あなたは、きっとみんなに好かれるだろう」と。でも、自慢をしているわけではないがね。

2015年8月29日　共和党全国大会（テネシー州ナッシュビル）

解説

日本の政治の場においては、公的な場で、近親者、とりわけ妻からの褒め言葉をひけらかすのは、「内輪褒め」として評価を下げるので、使用は避けられる。それをトランプは平然と言ってのける。世界で最強の人物を決める真剣勝負の場で「女房ののろけかよ」である。

しかし、これがアメリカの一般大衆には、「人間味にあふれていていいじゃないか」と共感を持たれるのかもしれない。

夫婦二人三脚で大統領選に挑んでいるトランプ夫妻。

下着なしのやつを見たことがあるが、カッコ良かった。でも下着なしの彼女ほどじゃない。まあ、やつはカッコいいが。

2010年4月28日　CNN「ラリー・キング・ライブ」

解説

現在の妻、メラニアへの「のろけ」だが、以下のエピソードを下敷きにしている

ブレット・マイケルズは、有名ロックバンド「ポイズン」のヴォーカリスト。トランプがホストを務める「アプレンティス」芸能人大会に出演して最終回で優勝。収録を終えた直後にクモ膜下出血で緊急手術をして奇跡の生還をしていたことが視聴者の感動を呼んだのだ。その後、マイケルズは音楽情報紙「ビルボード」で股間を黒丸で隠しただけの全裸を披露して健在ぶりをアピールした。

「アプレンティス」記者会見の様子。手前右、頭にバンダナを巻いているのが「カッコいいやつ」ブレット・マイケルズだ。

結婚生活は男がつらいよ!?

結婚生活を続けることは難しい。理由は次の3つが多すぎるからだ。諸事、緊張、刺激。それ以外にもまだまだあるが。

1998年4月6日　ニューヨークマガジン誌「トランプというぬぼれ屋」

解説

トランプのような大成功者ともなれば、結婚生活がもたらす諸事や緊張に耐えるのは大変だ。さらに家庭の外には刺激的な誘惑がいくらでも待っている。裏をかえせば、ろくに仕事も緊張も誘惑もない結婚なら長続きするのだが、「そんな結婚生活って楽しいのかね?」という、トランプ一流の反語でもあるのだろう。

最初の妻イヴァナと自身のクルーズ「トランププリンセス号」のベッドで。1992年に離婚するまで、ドナルド・トランプJr.、イヴァンカ、エリックの2男1女をもうけた。

私は2回離婚している。二人ともいい女だ。自慢じゃないが、どちらも素晴らしい女だ。すごい女たちだ。でも、いいか。私はめいっぱい働いている。だから、そんないい女たちをものにできても、ほとんど割りに合わない。

2011年4月18日　ABC「ディス・ウィーク」

解説

トランプは別れた後も、いずれの元妻たちとの関係は良好である。最初の離婚のときは、慰謝料で破産したともいわれるが、そんな「始末の付け方」によるのだろう。誰とも泥仕合にはなっていない。

大統領予備選挙に名乗りを上げた後の、CNN「ステイト・オブ・ザ・ユニオン」（2015年6月28日）では、こんなコメントを述べている。

「実にいい結婚生活だった。いまの結婚生活も最高で、かみさんも最高だ。

そして――昔の二人のかみさんもとても素晴らしかった」

セックスの良さでついつい

頭の良さで選んでみたら、たまたまあっちの魅力もあった。そんな超魅力的な女がいるもんだ。そういう女たちはたいがいセックスを活用して目的を遂げる。私も人生でそんな経験をさせられた。私の場合はたったの2回だが、ラリーのやつときたら何度もだ。

2004年2月27日　CNN「ラリー・キング・ライブ」

解説

ラリー・キングはCNNの看板トーク番組のホスト役を務め、巧妙な話術から「トークの帝王」の異名をとる。俳優・コラムニストとしても活躍。アメリカではもっとも名の知れた異能の放送人である。また、私生活ではトランプより5回も多い8度の結婚歴を持つ。

なお、この時点ではトランプの結婚歴は2回だが、この発言の1年後に、現夫人のメラニアと結婚し、都合3回の結婚歴となる。少しでもラリーの結婚回数に迫ろうとしたのだろうか？

世の中には美女もいる。そして、野獣のロージーもいる。世の中には美女と野獣がいて、それでうまくいっている。だからトランプもいる。

2006年10月28日　CNN「アンダーソン・クーパーの360度」

解説

日本人には、一見「私は野獣だが、美女にモテるんだ」と自慢しているだけに思えるが、ところがどっこい、かなりの性的差別がこめられた超アブナイ妄言だ。

ロージーとは、アメリカの人気女性コメディアンのロージー・オドネル。レズビアンで超過激な反体制発言で知られる。トランプはそれをふまえて、彼女を「野獣」と揶揄しているのだ。

テレビの司会者、コメディアンのロージー・オドネル。2002年に同性愛をカミングアウトし、一時は女優テータム・オニールと熱愛中とも伝えられたことがある。

このあいだ、ウォルドーフ・アストリアで、あの女が、若い超絶美人の前にぬっと立つと、彼女の股をつかんでこう言った。

「くそくらえ《イート・ミー》」

今度は、私のほうに矛先を向けて言った。

「くそくらえ《イート・ミー》」

あんな女のくそをくらうなんて、考えただけでも、気分が悪くなってくる。

2007年4月25日　CNN「ラリー・キング・ライブ」

解説

ウォルドーフ・アストリアは、ジャズエイジ（1920年代）を代表する作家、フィッツジェラルドが豪遊したことでも知られるニューヨークの老舗超一流ホテル。ところでトランプが同伴していた若い超絶美人とは一体誰だろう？　2007年ということは現夫人のメラニアか、それとも……。それはともかくロージーをコケにする返す刀で、「どうだ俺はモテるだろう」と言っているわけで、ほんとに食えないオヤジだ。

ブタが結婚式にやってきた！

あの女の食いっぷりはまさにブタだった。あわれなのは、わがウエディングケーキだ。ぺろりと、平らげられてしまった。我慢ならなかった。まったくひどいもんだった。でも、あの女を結婚式に招待したい特別なお方がいたのだ。誰あろう、マーラだ。

2004年3月21日　CNNウォルフ・ブリッツァーの「レイト・エディション」

解説

マーラとは女優のマーラ・メイプルズで、トランプの2度目の妻。2人の結婚式は1993年に盛大に挙行された。しかし、テレビ界の天敵同士として知らぬものはいないロージー・オドネルがトランプの結婚式に来るとは考えにくいので、トランプの得意技の「つくり話」かと思ったが、事実であった。「天敵」をつくって話題を盛り上げるトランプ流がここでも大いに発揮されている。

2007年、ニューヨークのラジオシティホールで行われたロージーのショーで、彼女がトランプを真似してバカにしているシーン。当然、この頃はすでに天敵同士だ。

あの女が頭にきていたのは誰の目にも明らかだった。
そこで、私の口から例の言葉が出たのだ。
「彼女の目から血が流れ落ちている」
そう言ってからこう付け足した。
「彼女のどこからであれ血が出ていた」と。
私が言わんとしたのはこれだけで、これ以上ではない。

2015年8月9日　ABC「ディス・ウィーク」の電話インタビュー

解説

★変質者はどっち!?

２０１５年８月６日、米ＦＯＸニュース主催の共和党候補者による第１回討論会に出演した際のこと。同番組の女性司会者ミーガン・ケリーは、トランプの女性蔑視問題について厳しく追及。

するとトランプは翌日に行われた、その一件に関するＣＮＮの取材に対し、「自分に不当に厳しい質問した」と語り、ケリーについて「彼女のどこからであれ血が出ていた」と発言。これが「女性の生理をほのめかした性差別」として物議をかもした。

この発言について、別の有力テレビネット局のＡＢＣのインタビュアーに答えたのが前ページの発言だ。

ご覧のとおり、トランプはまったく反省していない。いないどころかミーガン・ケリーを「変質者」と追い討ちをかける。「火に油を注いで」話題を大きくするトランプの常套手段といえるが、それで支持率が下がる気配がない。トランプ現象のシンボル的出来事であろう。

こうした発言が相次いでも女性からの支持が続くのがトランプ現象の不思議議だ。

例の女どもから、叩かれまくった。当然、私の顔についてはあいつらも叩きようがないが。ごらんのとおりの美男子だから。なのに、例の女どもは、私を叩きまくった。

2015年8月9日 NBC「ミーツ・ザ・プレス」

解説

「例の女ども」とは、言うまでもなくトランプを「女の敵」とするフェミニストたちで、その急先鋒は前掲FOXの司会者ミーガン・ケリーだ。

今回の大統領選をめぐるトランプの一連の妄言に対して、ミーガン・ケリーは、「過去にあなたは自分の好まない女性について『太った豚』『犬』『デブ』『ブス』『気持ち悪い動物』などの発言をしています」と抗議。

これに対してトランプはこう言い返している。

「ロージー・オドネルだけだよ！」

それに対して当のロージー・オドネルはツイッターで、「自分の子どもにそれ説明してみな」とつぶやき返した。

その後もトランプは、「妊娠中絶した女性は罰せられるべきだ」と発言、フェミニストたちとの口撃合戦はますますヒートアップしている。

いい女たちには「甘言」をささやき、嫌な女たちには「妄言」を炸裂させる。これが、女性に対するトランプの、きわめてわかりやすい流儀なのだ。

かの名優ジョン・ウェインの娘アイッサ・ウェインとトランプ。彼女や、サラ・ペイリン元アラスカ州知事など、女性有名人のなかにもトランプ支持派はいる。

授乳でなく搾乳!?

あれは授乳ではなかった。〝乳を授ける〟という言葉が使われてきたが、あれは〝乳を搾る〟ことだったんだ。あの女は、私の前で乳を搾ろうとしたのだ。こんなことは初めての経験だった。かつてあの女のことを、「気持ち悪い」と言ったかもしれない。それ以外にも何かを言ったはずだ。とんでもないやつだと思ったからだ。やはり、とんでもないやつだ。

2015年7月29日　CNN「アンダーソン・クーパーの360度」

解説

「あの女」とはエリザベス・ベック。トランプが抱える訴訟の相手側の女性弁護士で、裁判のなかでの実際の出来事だ。

アメリカの多くの州では、男女ともに必要な状況であれば胸をさらすことが法律で認められている。つまり、女性には「公共の場で授乳する権利」があるのだが、共和党のなかにはこれを認めない議員が少なからずいる。

ちなみに、ニューハンプシャー州では、公共の場で女性が授乳をすることは「公然猥褻」にあたるとする法案が共和党男性議員から提出された。

トランプの妄言はこれを踏まえたものだ。

多くの人に好かれるのは簡単なことではない。(抗議の)電話が鳴りやむことはあるのか? おべんちゃら屋が消えてなくなることはあるのか? たとえ物事がうまくいかなくても、人間関係を試す試練だと楽しむことにしている。私にとって、人生のすべては心理ゲームなのだ。

1990年3月 「プレイボーイ」誌

解説

トランプは勝手気ままに妄言・暴言を吐きまくっているかに見えるが、意外にもというか、当然にもというか、実に冷静に相手の心理を読んでいる。その細やかさは見事という他ない。あれほどの妄言・暴言も話題になって人気こそ上がれ、支持を失うことになっていないのは、巧みな「寸止め話術」にあり、それができるのもトランプが心理ゲームの達人だからだ。

エアロスミスのヴォーカル、スティーブン・タイラーとともに。友人同士だが、彼らの大ヒット曲「ドリーム・オン」を応援ソングに使わないでほしいと要求した。こうした友人とのいざこざも、心理ゲームの一環として楽しんでいるのだろうか。

人が私の言葉に共感してくれるのは、エネルギーをもらいたいからだ。そいつが、どんなエネルギーなのか、私には関係ない。たとえ出来が悪かろうが、出来が良かろうが、本物だろうが、なんであろうが……。私はどうやればいいかは知っている。

2015年8月21日　遊説演説（アラバマ州モービル）

解説

トランプが人気を得ているのは、選挙がある種の「熱伝導」であることを直感的に知っているからだろう。その典型事例が、ライバルたちと違ってプロンプター（原稿表示装置）を使わないことだ。

テレビの世界で当意即妙の話術を磨いてきたトランプには、プロンプターなど無用である。暴言・妄言もプロンプターを使って発せられていたら、これほどのトランプ現象は起きなかっただろう。それについて、遊説先で挑発的にこう語っている。

「私以外の連中ときたら、演説をぶっても、誰も惹きつけられない。

毎度、同じ話を、プロンプターで読み上げるだけだ。

私は要求する。プロンプターは一切使用禁止にすべきだと。

大統領選挙に出ようというやつなら、難しい話ではないだろう？」（2015年8月25日　演説〈アイオワ州デュビュク〉）

実業界で幾多のプレゼンテーションの経験を積んできたトランプ。さらにテレビの世界でアドリブも磨いた。演説上手はごまんといるが、ここまで話術全般に長けた政治家はなかなかいないだろう。

ほんとはナイスなやつなんだが

私は、こんな言われ方をされる……。「リーダーシップは群を抜いている。経済も金融でも群を抜いている。商売に関わることなら何でもござれ。その世界で敵はない！　どこの誰よりもめちゃくちゃ強い」しかし、こうも言われる。「でも、お前さんが好かれているかどうかは、わからない」実はナイスなやつなんだけどな、私は。

2015年7月11日　遊説（アリゾナ州フェニックス）

解説

内実は「ナイス」でないのに「ナイスなやつ」であろうとする。それが従来の政治家のビヘイビアであることを皮肉っている。一方、自分は内実は誰よりもナイスなのに、ナイスだとは思われない。おかしくないか、と。旧来の政治家像を反転させることで大衆から好感を集めようとする、トランプ流のツボである。

第3章★私はなぜ成功を収めることができたのか？

ドナルド・トランプは、並みの成功者ではない。
4度も破産しながら、そのたびに這い上がり、
今や〝自称〟資産100億ドル超の大富豪だ。
3人も妻を変えて、
いずれも女優やモデル上がりの超絶美人。
全員と子供をなして、その数は5人。
家族は超円満。元妻たちも仲がいいときている。
今や夢物語になってしまった
「アメリカンドリーム」のまさに体現者。
だから、アメリカ庶民の憧れの的なのだ。
その成功の秘密を発言から解読してみよう。

自分で言うのも何だが……

私の美点は何か。その一つは、大金持ちであることだ。

2011年3月19日　ABC「グッド・モーニング・アメリカ」

解説

★最後のアメリカンドリーム！

やはりトランプのウリは資産家であること。しかし「アメリカを代表する大富豪」に成り上がるまでに、４度も破産をしている。妄言や暴言によって庶民たちの気持ちを代弁して共感を得ているという側面もあるが、それだけでは彼の人気は説明できない。

その基礎には、彼が今や遠い昔の物語になってしまった「アメリカンドリーム」というドラマを現在進行形で演じ続ける主人公ということがある。トランプもそれを自覚し、日々活動している。そんな〝四転五起〟の波乱に満ちた人生ドラマのなかから、トランプならではの名言が生み出されているのだ。

これが、あの暴言妄言の主と同じ人物の言葉かと思えることだろう。そして、ある意味では、これがドナルド・トランプの大衆的人気の〝インフラ〟なのである。

こうした言葉の数々をこれから紹介していきたい。読者諸賢の指針にも必ずやなるはずだ。

超豪華自家用ジェットで、実業家トランプとしても大統領候補者トランプとしても全米を日夜、飛び回っている。

私に何百万ドルものカネを出すやつはいない。すべて自前でやっている。実は、ちょっとバカらしいと思うこともある。何百万ドルものカネを差し出そうという人も出てくるだろう、トップを走っていれば。そんな大金が入るかもしれないのに、私は断わり続ける。思うんだよ、自分はバカかって。

2005年9月3日　記者会見（ニューヨーク・シティ）

解説

臆面のなさと自画自賛は違う。ここまでやると、聴衆は嫌味より好感をもつのではないか。

2年以上もかけて全米を遊説してまわるアメリカの大統領選の経費はハンパではない。一説には100億円はかかるらしい。それを自前でやるというのだから、これで大統領になったらそれこそ「アメリカンドリーム劇」である。この外連《けれん》ぶりが人気の秘密の一つなのかもしれない。

トランプに熱狂する人たちは、トランプに自分を仮託して、栄光のアメリカの再来を夢見ているのではないか。

豪華な内装の自家用ジェットで移動中も資料の読み込み余念がない。

トランプのアメリカンドリーム劇は退役軍人といった、やや古めかしい存在に大いに支持されている。

私の資産は100億ドル

この数字は実際はもっと多い。みんなが考えているよりも。大言壮語ではない、本当だ。私は、ただこう言いたいだけなのだ、そうした姿勢こそがこの国に必要なのだと。

2015年7月11日　遊説演説（アリゾナ州フェニックス）

解説

トランプが2015年6月の出馬表明時に選挙管理委員会に提出した資産報告書では個人資産を約90億ドルと申告していたが、その後、100億ドル（約1兆1000億円）を超えたと上方修正して発表。一方で、長者番付で知られる「フォーブス」は、トランプの資産は過大申告と指摘、資産総額は40億ドルとしている。

そんな指摘にトランプはさっぱりこたえた様子はない。なぜなら、こうした威勢のいい言動こそ、この国に必要だと彼は考えているからだ。

思うに、貧乏人も金持ちと同じように幸せになれる。でも、私は貧乏だったら幸せにはなれない。いい思いをしすぎているからだ。幸い、私にはその心配は永遠にないがね。

1994年8月28日「ニューヨークタイムズ」

解説

30年ほど前、ニューヨークに世界一高いビルをつくろうとしたトランプだったが、環境保護活動家たちの申し立てでプロジェクトは差し止めの憂き目に遭ってしまう。しかも、その後、その利子が膨らんだり、投資に失敗したりしたため倒産してしまい、「世界一貧乏な男」という今では考えられないような屈辱的な仇名をつけられた。

これを含めて前述のように4度も倒産を経験したトランプ。だからこそ「貧乏のつらさ」が身に染みたのかもしれない。

押し込むだけではダメ

常に気を配らなければならないのは、状況に合わせるということだ。とうとうとまくしたてて、聞き手のことを考えないのは、かえって逆効果だ。

2004年　メレディス・マッキーヴァーとの共著
『億万長者の発想術Think Like a Billionaire』

解説

トランプ流リーダーシップとは、一般的なイメージからすると、ややもすると強引に引っ張るか押し込むイメージがあるが、意外にもそうではなく対話を重視するタイプなのである。

トランプはこんなことも言っている。

「私は融通性をもつことで、リスクを少なくする。一つの取引やアプローチにあまり固執せず、いくつかの取引を可能性として検討する。最初は有望に見えても、大抵の取引には何か不都合な点が出てくるからだ」

（『トランプ自伝』ちくま文庫）

トランプは若い頃からレーガン大統領と親交を持つなど、常に強烈なリーダーを間近で見てきた。

自分のために働いているのだと常に思うようにしろ。そうすれば、いい仕事ができる。実に単純だが、効果たるや抜群だ。仕事が面白くない、いい仕事ができていないと思えたら、ただちに上司に談判に及べ。事態が改善されなければ、首を切ってもらって結構だと。

2004年　メレディス・マッキーヴァーとの共著
『億万長者の発想術Think Like a Billionaire』

解説

ビジネスマンのトランプは平気で従業員を切る「鬼経営者」と思われているかもしれないが、実はなかなか物わかりのいいボスのようだ。著書でも、こんなことを述べている。

「（私の決め台詞の）『おまえはクビだ』とは裏腹に、私は人をクビにするのがきらいだ。むしろ、ずっと長く雇っていたい。もちろんいい仕事をしてくれていることが条件だ。また、労働を貴ぶ精神、労働倫理も大事だ。なぜなら、ブランドを確立、維持する仕事には、終わりも切れ目もないからだ」

（ロバート・キヨサキとの共著『黄金を生み出すミダスタッチ』筑摩書房）

話の先を読め

何度も何度も、相手と話をする。するとわかってくる。話をする前から、相手の言わんとすることが。最初の3つの言葉が、相手の口から出たとたん、私には予測できる。その先に話される40語まで。

2004年 詩人のメレディス・マッキーヴァーとの共著『億万長者の発想術Think Like a Billionaire』

解説

別の著書でも、「何か決める前には人の意見をしっかり聞くこと」「タクシー運転手との世間話が情報源」と強調。常に現場感覚を大切にしている。

世間話は宝の山

とるにたらない世間話ほど、自分を磨くのに、役立つものはない。私にとって、世の中の見方が変わるような世間話が日に5から10はある。

2004年 詩人のメレディス・マッキーヴァーとの共著『億万長者の発想術Think Like a Billionaire』

私はたくさんのものを見てきた。人生のなんたるかも知っている。金の稼ぎ方も知っている。私が知り得たものを、「知恵」と呼べるかどうかは知らないが、そいつをお裾分けするとしたら、その相手はたくさんいたほうがいい。

2006年3月9日　CNN「ラリー・キング・ライブ」

解説

一方でトランプは彼一流の皮肉を込めてこうも言っている。

「近頃しきりにテレビに登場する不動産コンサルタントたちのように、私の教えを実行すれば一夜にして億万長者になれる、と約束することはできない。残念ながら人生はそううまくはいかない。一攫千金をねらう人は、逆に一文無しになるのがおちだ。天賦の才に恵まれ、カンがよく、成功すると思われる人には私の助言にしたがってほしくない。私の強敵が出現することになるからだ」（『トランプ自伝』ちくま文庫）。

えっ!?　お裾分けする気なんかないいんかいっ!?

私の信条は渡り合うことだ。引いたりはしない。それにはエネルギーがいる。とてつもないエネルギーが。ほとんど滑稽ともいえるぐらいの。

2015年9月14日　遊説演説（テキサス州ダラス）

解説

★戦いの経験値がけた違い！

現在、大統領選でまさに並み居る政治家と渡り合っているトランプ。政治経験こそゼロだが、斬った張ったのビジネス界で、海千山千を相手にしてきた経験がものを言っているのは言うまでもない。

1983年に完成した、自身の代名詞ともいうべきトランプタワーの建設にあたっても、さまざまな戦いが待ち構えていた。

『自伝』によると、税制上の優遇措置をめぐってニューヨーク市と6つもの裁判を争った。勝ち目はないうえ、勝っても政治的には意味なしといわれたが、それでも戦い抜きついには勝利を収めた。

トランプは、こうした誰もが経験しえない「渡り合い」のビジネス人生のなかで、無類の打たれ強さを育んできたのである。

これでは、おぼっちゃまのジェブ・ブッシュなどが太刀打ちできないのも仕方がない。

ABCが主催した共和党大統領候補者たちによるテレビ討論会の様子。自らが傷つくのも顧みずに爆弾発言を連発し、やがて相手をなぎ倒す。まさにトランプのこれまでの「渡り合い」の人生経験が、大きな勝利を手繰り寄せる原動力となっている。

勝ち続けろ！

私の人生の大目的は、勝ち続けることだ。その理由は簡単だ。勝てなかったら、次なる闘いに挑めなくなるからだ。

1990年　チャールズ・リーセンとの共著『トランプのトップであり続ける方法 Surviving at the Top』

解説

トランプは「勝つ」「勝ち続けるんだ」と言いつつも、一方で、「勝ち抜いても大した意味はない」とも述べる。一体どちらがホンネなのか？　おそらくどちらもホンネではないか。融通無碍、それがトランプがビジネスの世界で長年培ってきた「人生訓」なのであろう。

人の批判は避けるに越したことはない。時には、ダンマリを決め込むのが、最善の方法だ。正面から向き合って、時間を費やすのは得策ではない。こっちが黙っていたら、人は結局、バカな真似をして、勝手に自滅する。

2004年　詩人メレディス・マッキーヴァーとの共著『億万長者の発想術Think Like a Billionaire』

解説

トランプは、決して直情径行ではない。某誌に「トランプは陰謀家」なる悪意の文章が載った際、すぐに抗議をしたら売り上げに貢献してしまうと思い留まり、店頭から雑誌が消えた頃、編集部に「二度とインタビューには応じない」と伝えたという。なかなかの策士ぶりだ。

あらゆる人間は平等につくられる。しかし、現実はけだし名言である。不幸にもそうではない。あるものは才能をもって生まれ、あるものはそれなしで生まれてくる。人には才能が必要である。もしそれがない場合は、そのことを忘れるしかない。

2004年3月21日CNN　ウォルフ・ブリッツァーの「レイト・エディション」

解説

「才能のないやつは諦めろ」とは、いかにも突き放した「宿命論的物言い」だ。

しかし、「誰でも努力すれば報われる」というキレイ事を言わないところが、ホンネの男トランプがウケるゆえんでもある。なお、原文は〝Men〟である。「あらゆる人間は」の「人間」の原文は〝Men〟である。今やリベラルな知識人たちは「男」を意味するこの用語を、女性もふくむ「人間」に用いることはしない。ここにもトランプの古臭い「ジェンダー意識」が表れている。

私は自分のなすべきことを知っている。そして、そのことを大言壮語はしない。人が求めているのは、自分のなすべきことを承知している人間である。それが何であれ。

2015年8月15日　遊説演説（アラバマ州モービル）

解説

トランプが交渉事の決め手とする大原則の一つに、次のようなものがある。

「黄金を持つものがルールを作る」。

また、取引で優位に立つための条件はこうなる。

「レバレッジ、すなわち相手が望むものをこちらが持て」。

ここで言っている「自分のなすべきことを承知している」とは、当然そのことを根本に踏まえている。相手の望むものをきちんと持っていればレバレッジ、すなわち何倍もの効果がある。そしてそうした「黄金」をきちんと持っている人がルールメーカーになれる。これが大事だということなのだ。

人々が心底知りたいのは、「私の考える理想の会社とは何か？」ではなかろうか。会社なんて、所詮はくずのかたまりさ！

2011年4月　ニューヨーカー誌「成功を祈る、ドナルド」

解説

GEのジャック・ウェルチあたりだったら、なにか意味深長な格言めいた「会社論」「企業論」をぶつところだろうが、「会社なんて大したもんじゃない」と肩透かしを食らわす。ここがトランプの並のビジネス成功者とは違うところで、人気の秘けつでもあろう。

トランプ、実にいい名前だ

私は、実に役に立つ名前をもってこの世に生まれてきた。ビルの名前としても役立った。簡潔で、今も勝利の切り札だ。私はこの名前を活用して素晴らしい成果を挙げることができた。もし、私の名がジョー・ブローだったら、勝負にならなかっただろう。

1998年4月6日　ニューヨークマガジン誌「トランプといううぬぼれ屋」

解説

ジョー・ブローは日本で言えば「山田太郎」。トランプのカード（切り札）と自分の名前をかけた「初級編の洒落」以上のことを、トランプは言わんとしている。ブランドという切り札である。

「ブランドのコンセプトがよく練られてしっかり確立されたものであれば、その名前がすべてを語るものになっているはずだ。たとえば『シャネル』と口にしたら、どんな言葉より前にイメージが浮かぶはずだ。『グッチ』もそうだし、『トランプ』もそうだ」（ロバート・キヨサキとの共著『黄金を生み出すミダスタッチ』筑摩書房）。今回の大統領選出馬で「トランプ」のブランド力は一層グローバルに高まった。

トランプタワー。1階にはグッチの旗艦店などが入る。世界的な有名人が居住しているが、日本人ではマー君こと田中将大投手と里田まい夫妻も入居しているといわれる。

この世には、家族に匹敵するものはない。その出来が良ければ、なおさらだ。

トランプ著『成功する技術』（ワーナーブック、1987）

解説

トランプの一族に抱く愛と矜持《きょうじ》は尋常ではない。そんなトランプのファミリー愛の原点は父親にある。ロバート・キヨサキとの共著『黄金を生み出すミダスタッチ』には、こう記されている。

「父が私に教えてくれた『成功するための四段階方式』とは次のようなものだ。

1. 着手する
2. 仕事をする
3. きちんと仕上げる
4. 撤退する

父はこの通りに仕事をした。ビジネスに対する父の総合的アプローチはその後もずっと私の中に生きている。

仕事をはじめたばかりの頃、父と共に働き、実際に仕事をする父の姿を見たことは、私にとってすばらしい教育だった」

20年ほど前に撮られたトランプと子供たちとのショット。これぞ古き良きアメリカンファミリーという雰囲気があふれている。

1993年、2番目の妻マーラ・メイプルズとの結婚式。2人の間にはティファニーという娘がおり、最近モデルデビューを果たした。

私も秀才だし一族も……

私が通ったのは、ウォートン・スクール・オブ・ビジネス。ナンバーワンのビジネススクールだ。私は頭がいい。多くの人もそれを認めているように、私の頭の良さは、きわめつけなのだ。

2000年4月3日 「フォーチュン」誌

解説

とにかくトランプは不思議なくらい自分と自分の一族が大好きだ。名前に加えて、頭脳に関しても、頭の良いのは自分だけではない、とこんな「一族自慢」もしている。「私には、MIT（マサチューセッツ工科大学）に行ったおじがいる。トップレベルの教授でジョン・トランプ博士という。まさに天才だ。その血が私にも流れている。だから私も頭がいい。成績も抜群だ。本当に頭がいいのだ」（2015年6月30日 CNN「アンダーソン・クーパーの360度」

父と参加したウォートン・スクールの卒業式。トランプの娘イヴァンカも同校を卒業している、

子どもは、実にいいものだ。だから、われわれは赤ん坊をつくる。私がもっと子どもをつくっても問題はないだろう!

2006年3月9日　CNN「ラリー・キング・ライブ」

解説

大富豪やセレブには、えてしてドラ息子やドラ娘がでて、一族の名前を汚す。ところがトランプ家は「孝子」ばかりである。とくに長女のイヴァンカは主婦、母親、モデルを兼業するスーパウーマン。父の事業と選挙活動も仕切る。産経新聞によると「クールで最高に行儀がよい」ことから米メディアから「秘密兵器」と呼ばれている。

娘イヴァンカとともに。イヴァンカはウォートンスクールで表彰されたこともある才女。自らビジネスも行っている。

家族をひいきして何が悪い！

縁故びいき、大いに結構。私はそう思う。多くの人たちは眉をひそめる。「縁故びいきなんてとんでもない！」まあ、世の中、子供のいない連中もいるからな。

2006年10月9日　CNN「ラリー・キング・ライブ」

解説

アメリカを代表する実業界の大物が「縁故採用」を容認・奨励するとはなにごとだと、公的には眉をひそめられるだろう。しかし、多くの庶民は心の中で、「やっぱり自分の子どもはカワイイもんな、よくぞ言ってくれた」とトランプのホンネ発言に共感する。アメリカは実力主義の国だといわれるが、果たして本当にそうなのか。子どもに継がせたとしても結果が出れば、それでオーライではないのかと。トランプ家も縁故採用の実行者である。実にトランプはしたたかだ。

息子エリックと特等席で全米オープンテニスを観戦する若かりし頃のトランプ。今エリックは一族ビジネスのうち、ホテル事業を担っている。

バイアグラは素晴らしい。それを必要としている人、医学的問題を抱えている人、そして処置を受けた人には。正直言って、私にはまるで関係ない。アンチ・バイアグラという、逆効果の薬があっても。自慢するわけじゃないが。

2004年10月「プレイボーイ」誌

解説

第1章でも紹介した、トランプとルビオとの間の「指（手）が小さいと別の場所も小さい」論争は、大統領選挙の討論に下ネタとは前代未聞だと顰蹙を買った。しかし、昔から「下ネタの帝王」として知られているトランプにとって、そんなことはどこ吹く風だ。

これは2004年の発言で当時58歳。その翌年、トランプは3人目の妻をめとって子供をなしている。「アンチ・バイアグラ」を飲んでも（そんな医薬品はないが）、まったく下半身には影響なしと言い切るのだから、相当に自信はあったのだろう。男トランプらしい言葉だ。

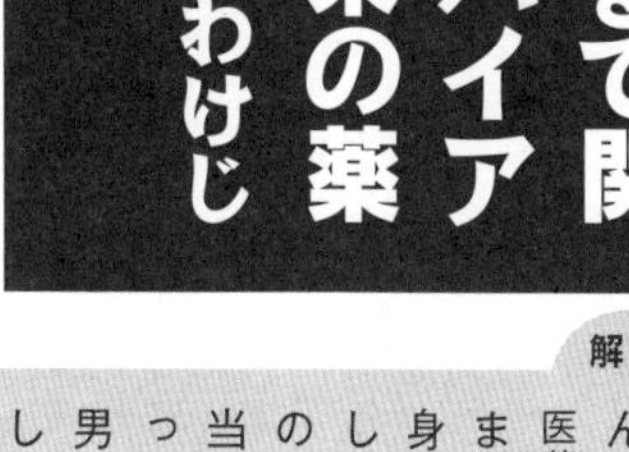

トランプを除く世界の殿方の味方「バイアグラ」。

諦めるのだけは嫌だ！

私には、時間がまったく足りない！ほとんどない！私がやれるのは何かを諦めることだが、それだけはしたくない！

1997年5月19日「ニューヨーカー」誌

解説

トランプは自著で、時間についてこう述べている。

「私が経験から学んだ大原則はこうだ――そのプロジェクトのために費やした時の長さが、両手の指で数えられるとしたら、あなたはまだ充分な時を費やしていない。『もうこれ以上できない』と思うところまで、一つのプロジェクトのために働かなくてはいけない」

ここまで自らを追い込めば、時間がいくらあっても足りないだろう。メディアを通じて伝えられる言動からトランプは、好き放題やりたい放題勝手気ままに生きているようなイメージがどうしても付きまとう。しかし、ビジネスで成功しているのだから当たり前なのだが、実に勤勉な男なのである。

常に仕事に追われているトランプ。大統領になればさらに仕事量が増えるのは間違いない。

やることをやる。私に言わせれば、それが人生さ。

2015年9月11日 NBCジミー・ファロンの「トゥナイト・ショウ」

解説

妄言・暴言の帝王からは想像もつかない深遠なる「人生論」も開陳している。

これもまたトランプの内奥にある本質の一つなのだ。これが感傷的な思いつきでないことは、『自伝』の以下の文章でも明らかである。

「人生はもろいもので成功したからといってそれが変わるわけではないことを承知している。変わらないどころか、成功すると人生はいっそうもろくなる。予想外のことがいつなんどき起こるかわからない。だから私は自分が成し遂げたことにあまり執着しないようにしている。私にとって金はそれほど大きな動機ではなく、単に実績を記録するための手段にすぎない。本当の魅力は、ゲームをすること自体にあるのだ。ああすればよかったと後悔したり、これから何が起こるだろうと心配したりはしない」

引き際はどうやって判断する？　私はギリギリまで粘る。状況が同じなら、私ほど粘るやつはいない。だから、私は成功し、他の連中は失敗するのさ。私だって知っている、タオルを投げ込まなきゃならない時があることを。失敗しても、何か大事なものをきっとつかめる。いい経験をしたと思って気にしないことだ。そして、次なる挑戦をすればいいのさ！

2008年　メレディス・マッキーヴァーとの共著
『諦めるな！　成功へ向かって挑戦せよ　TRUMP Never Give Up My Biggest Challenge into Success』

解説

トランプの辞書には「引き際」と「諦める」という言葉は、どうやらないらしい。たとえば、ハドソン河畔の高層ビル「トランプ・プレイス」の建築の認可と合意をとりつけるのに、彼はなんと20年も粘り続けた。

さて、大統領選はどのような結末となるのか。通常の候補者であれば党大会で選ばれなければ、そこで終わり。しかし、このようなトランプのこと。11月の本選まで得意の粘り腰で選挙戦の渦中に居座り、全米、そして全世界を騒がせ続けるような気がしてならない。

「偉大なるアメリカを取り戻す」ため、トランプは今日も全米で話題を振りまき続ける。